Margrit Stevanon

Tofu –
fantastisch vegetarisch

Margrit Stevanon

Tofu –
fantastisch vegetarisch

Unser besonderer Dank gilt unserer Schwester und Freundin, Elsbeth Zoller, für die tatkräftige und unermüdliche Unterstützung, die sie uns bei der Gestaltung dieses Buchs gewährt hat.
Sie war es auch, die uns auf die Idee des Tofu-Grillens brachte.

Inhalt

Liebe Leserin, lieber Leser 7

Tofu selbst gemacht 9

Tofu im Handel 11

Erläuterungen zu den Rezepten............................ 12

Brotaufstrich 14

Suppen 15

Hauptgerichte 21

Überbackenes aus dem Ofen 86

Pikante Backwaren 115

Süße Backwaren 132

Salate 134

Für besondere Gelegenheiten 142

Die Autorin 152

Die Illustratorin 153

Rezept-Index 154

Liebe Leserin, lieber Leser,

dieses kleine Buch wurde durch ein für uns sehr wichtiges Ereignis inspiriert – unsere Entdeckung des Tofu. Dadurch öffnete sich uns eine Tür in eine neue Welt voller ungeahnter Überraschungen und Möglichkeiten. Wir hoffen von Herzen, unsere Begeisterung möge ansteckend wirken. Vielleicht dient dieses Buch als Initialzündung. Wir wünschen Ihnen und uns, dass Sie mit Tofu so viel Freude und Spaß erleben wie wir.

Die Überlieferung erzählt uns vom weisen chinesischen Kaiser LIU-AN, der den Tofu um 164 v. Chr. kreiert haben soll. (Möglicherweise erntet er ungerechterweise die Lorbeeren, die seinem Koch zustehen würden.) Die chinesische Religion jener Epoche war der Taoismus, der seinen Anhängern den Konsum von Fleisch strikt untersagte. Die Erfindung des Tofu bereicherte somit deren Speisezettel beträchtlich und deckte überdies ihren Eiweißbedarf.

Etwa 800 Jahre später brachten buddhistische Mönche den Tofu nach Japan, wo sein eigentlicher Siegeszug begann.

Da er nur ganz wenig Eigengeschmack besitzt, kann er Aromen von Kräutern und Gewürzen hervorragend aufnehmen. Tofu ist ein äußerst vielseitiges, gesundes und leicht verdauliches Nahrungsmittel. Er ist reich an wertvollen Inhaltsstoffen, enthält aber kein Cholesterin, wenig Purine und ist ausgesprochen kalorienarm.

Tofu gewinnt überdies an Bedeutung, wenn wir uns vor Augen führen, dass bis zu 8 kg pflanzliches Eiweiß benötigt wird, um 500 g tierisches Eiweiß zu erzeugen. Die Tatsache, dass ein beträchtlicher Teil der Menschheit unterernährt ist oder gar Hunger leidet, sollte uns satte Menschen jedenfalls nachdenklich stimmen. Der teilweise oder vollkommene Verzicht auf Fleisch könnte unser Beitrag zu einer gerechteren Verteilung der lebenswichtigen Güter auf unserem Planeten werden und wäre außerdem unserer Gesundheit sehr zuträglich.

Ein Wort zu gen-manipuliertem Soja

Aufgrund ihres intensiven Anbaus ist gerade die Sojabohne auch Objekt der Genforschung geworden. Obwohl man das warnende Beispiel der BSE-Katastrophe vor Augen hat, versucht die Wissenschaft, an den Grundlagen der natürlichen Nahrungsproduktion herumzubasteln. Viele Verbraucherinnen und Verbraucher sind verunsichert, welche Produkte sie noch kaufen können, ohne dabei an gen-manipuliertes Soja zu geraten. Gerade diese Problematik ist ein weiteres Argument für den Einkauf von kontrolliert biologisch angebauten Lebensmitteln. Die Hersteller solcher Produkte garantieren, sich gegen die Verwendung von genmanipuliertem Soja in ihren Lebensmitteln einzusetzen. Die meisten dieser Hersteller beziehen ihre Rohstoffe jetzt zu einem noch höheren Anteil aus Mitteleuropa oder sogar aus heimischem Anbau, sozusagen aus der Nachbarschaft.

Tofu selbst gemacht

500 g weiße Sojabohnen waschen und etwa zwölf Stunden in Wasser einweichen. In ein Sieb geben und gut mit Wasser spülen. Die Bohnen portionsweise im Mixer sehr fein pürieren, jeweils unter Zugabe von Wasser (Verhältnis etwa ein Teil Bohnen zu einem Teil Wasser).

In der Zwischenzeit etwa 3½ Liter Wasser in einen großen Kochtopf geben. Am besten geeignet sind emaillierte Töpfe, weil der Brei kaum anbrennt. Den »Sojaschaum« hinzufügen, gut mischen und etwa 20 Minuten leise kochen, vom Siedepunkt an gerechnet. **Vorsicht – die Masse kocht sehr leicht über.** Nach dieser Zeit die Masse durch ein mit einem feinen Tuch (evtl. einer Windel) ausgelegtes Edelstahlsieb in einen sauberen Kochtopf gießen. Die Masse kräftig ausdrücken. Im Sieb bleibt das Okara zurück, das auch noch wertvolle Stoffe enthält. Etwa 3,5 % seines Gewichtes bestehen aus Eiweiß. Das Okara wird nochmals in einer separaten Pfanne, unter Zugabe von ½ – 1 Liter Wasser aufgekocht, wieder abgeseiht und ausgedrückt. Die jetzt gewonnene, schwach konzentrierte Milch mischt man mit der hochkonzentrierten von der ersten Pressung.

Die Milch wird nun mit Nigari versetzt. Nigari (Magnesiumchlorid) ist ein Naturprodukt. Für dieses Quantum Milch benötigt man etwa 2 – 3 gehäufte Teelöffel Nigari, das in 100 – 150 ml Wasser gelöst worden ist. Es kann auch Zitronensaft oder Essig verwendet werden, jedoch wird der Tofu dann nicht so fest. Das in Wasser gelöste Nigari wird langsam mit der sehr heißen Sojamilch (etwa 80° C) gemischt und dann etwa 15 Minuten ruhen gelassen. Wenn sich »Käse« und »Molke« ausreichend getrennt haben, schöpft man den

»Käse« in einen mit einer feinen Mullwindel ausgelegten Tofupresskasten und presst die Masse einige Stunden mit etwa 2 – 3 kg Gewicht, bis der Tofu die gewünschte Festigkeit hat (Fingerprobe).

Der Tofu kann im Kühlschrank rund acht Tage aufbewahrt werden. Voraussetzung ist, dass er im Wasser liegt und immer gut damit bedeckt ist. Zudem muss das Wasser mindestens alle zwei Tage, besser täglich, erneuert werden. Man kann ihn auch tiefkühlen, jedoch ändert sich dann seine Struktur – er wird krümelig.

Tofu im Handel

Die Palette der essfertig zu kaufenden Produkte mit Tofu wird immer größer, auch wenn Japan und die USA uns in dieser Hinsicht weit voraus sind. Dort gibt es puren weißen Tofu in verschiedenen Sorten, die sich vornehmlich in der Konsistenz unterscheiden.

Feine Unterschiede gibt es bei neutralem weißem Tofu je nach Herstellungsverfahren, ob im offenen oder geschlossenen Druckverfahren gekocht wird, und je nachdem, welches Gerinnungsmittel, welche Temperatur und welche Rührtechnik verwendet wurden. Kenner schmecken schnell heraus, um welche Art von Tofu es sich handelt, und viele schwören, der Selbstgemachte sei immer noch der Beste.

Weißen Naturtofu gibt es inzwischen in fast allen Bioläden und Reformhäusern, wenn auch in unterschiedlicher Qualität. Probieren Sie einfach aus, was Ihnen am besten schmeckt. Die Lieferanten und damit die Angebote sind regional recht unterschiedlich.

Fast überall gibt es inzwischen den Räuchertofu. Dieser ist im Gegensatz zu weißem Tofu sofort essbar, da er meist in Sojasauce mariniert wurde und durch den Räuchervorgang einen herzhaften Geschmack annimmt. Guter Räuchertofu ist wirklich ein »Gedicht« und verblüffend leicht und schnell auf den Tisch zu zaubern.

Erläuterungen zu den Rezepten

Die Anzahl der Uhren bei den Rezepten bezeichnet den Zeitaufwand, der für die Zubereitung eines Gerichtes erforderlich ist. Es bedeuten:
eine Uhr = einfach und schnell,
zwei Uhren = mittlerer Zeitaufwand etc.

Marinade

Da Tofu praktisch keinen Eigengeschmack besitzt, bietet er sich zum Marinieren förmlich an. Man kann ihn auf die vielfältigste Weise würzen. Er sollte möglichst drei bis vier Stunden in der Marinade ziehen. Dieser Vorgang kann aber auch beträchtlich verlängert werden. Ein Tag und eine Nacht ist optimal. Eine Ausnahme bildet Tamari; da es rasch wirkt, reichen ein bis zwei Stunden.

Tomaten

Die Tomaten sollten für alle Gerichte gehäutet werden. Dies geschieht am besten, indem man sie über Kreuz einschneidet, kurz in kochendes Wasser taucht und dann die Haut abzieht.
Damit die Tomaten beim Kochen Geschmack und Farbe beibehalten, empfehlen wir Ihnen, auch die Kerne zu entfernen.

Portionen

Wenn nichts anderes angegeben ist, gelten die Rezepte für vier Personen.

Tamari
Auf natürliche Weise vergorene Sojasauce

Tahin
Sesammus

Gomasio
Geröstetes Sesamsalz

Okara
Sojakleie, ein Rückstandsprodukt bei der Herstellung der Sojamilch.

Julienne
Rohes oder nur kurz blanchiertes, fein geschnittenes Gemüse, z. B. Karotten, Sellerie, Lauch, Zwiebel, Zwiebelgrün etc.

Brotaufstrich

Tofu-Brotaufstrich

Zutaten
etwa 50 g weiche Butter
3 EL Sahne oder Joghurt
2 – 3 EL Sesamsamen oder 2 EL Tahin (Sesammus)
Salz
¼ Teelöffel Zimtpulver
2 TL Zitronensaft
Cayennepfeffer
250 g Tofu

Zubereitung
Alle Zutaten im Mixer pürieren. Diese Paste lässt sich im Kühlschrank gut drei bis vier Tage aufbewahren. Die Gewürze lassen sich nach Lust und Laune variieren. Lassen Sie Ihrer Fantasie freien Lauf!

Suppen

Suppe aus Okara und Kartoffeln

Zutaten
½ mittlere Zwiebel, fein geschnitten
3 mittlere Tassen Okara
Öl zum Andämpfen
1 – 1 ¼ l Gemüsebrühe
½ Lauch, in Ringe geschnitten
etwa 3 mittlere Kartoffeln, in Würfel geschnitten
weißer Pfeffer, frisch gemahlen
evtl. etwas Salz
1 Stück frische Butter oder etwas Sahne zum Verfeinern
einige Blättchen frischer Majoran

Zubereitung
Zwiebel und Okara in Öl unter stetigem Rühren goldgelb rösten.
Die Gemüsebrühe angießen, Lauchringe und Kartoffelwürfel hinzufügen und das Ganze köcheln lassen, bis das Gemüse gar ist.
Die Suppe im Mixer pürieren.
Mit Pfeffer würzen (wenn nötig noch salzen) und die Suppe mit Butter oder Sahne verfeinern.
In Suppenteller verteilen und mit frischen Majoranblättchen bestreuen.

Rote Suppe

Zutaten

150 – 200 g Tofu, in feine Würfel geschnitten
50 ml Tamari
1 mittelgroße Zwiebel, fein geschnitten
etwas Öl oder Bratfett zum Andünsten
etwa 1 ¼ l Gemüsebrühe
2 mittelgroße rote Bete
2 Lorbeerblätter
5 – 6 Nelken
einige schwarze Pfefferkörner
½ TL Kumin
½ Stange Lauch
3 – 4 mittlere Kartoffeln
1 großer, fester, säuerlicher Apfel
einige Scheiben nicht zu frisches Vollkornbrot
2 EL Butter
1 Schuss Apfelessig
evtl. etwas Salz
etwas Crème fraîche oder Schlagsahne

Zubereitung

Die Tofuwürfel mit Tamari marinieren.

Die Zwiebel in Öl oder Bratfett glasig dünsten und mit der Gemüsebrühe ablöschen.

Die rote Bete putzen und in nicht zu große Würfel schneiden. Mit den Lorbeerblättern, den Nelken, dem Pfeffer und dem Kumin zur Brühe geben. Auf kleiner Flamme kochen, bis die Rüben halb gar sind.

Den Lauch in Ringe, die Kartoffeln in Würfel schneiden, zur Suppe geben und vorsichtig weiterkochen lassen.

Den Apfel schälen, das Kerngehäuse entfernen, den Apfel in Würfel schneiden und ebenfalls zur Suppe geben. Ein wenig kochen lassen.

Inzwischen die marinierten Tofuwürfel in Öl oder Fett anbraten. Das Brot in Würfel schneiden und in Butter ebenfalls goldgelb braten.

Die Suppe mit einem Schuss Essig leicht ansäuern. Wenn nötig nachwürzen. Die nun fertige Suppe auf Suppenteller verteilen. Je eine Portion Tofu- und Brotwürfel darauf geben und mit einem Häubchen Schlagsahne oder Crème fraîche dekorieren.

Klöße als Suppeneinlage

Zutaten
50 g Butter
etwa 150 g Tofu, fein gerieben
½ Zwiebel, fein gehackt
½ Bund Petersilie, fein gehackt
etwas frischer Majoran, fein gehackt oder gezupft
etwas frischer Thymian, fein gehackt oder gezupft
Salz
Pfeffer
Muskat, gerieben
1 großes Ei
etwa 100 g altbackenes Vollkornbrot, fein gerieben
2 – 3 EL Weizenvollkornmehl
   (je nach Festigkeit des Teiges)
¾ l Gemüsebrühe

Zubereitung

Die Butter schaumig rühren. Den geriebenen Tofu dazu geben. Gehackte Zwiebel, Petersilie, Majoran, Thymian, Salz und Pfeffer sowie geriebene Muskatnuss darunter mischen. Das Ei leicht verquirlen, dazugeben und zu einer feinen Masse rühren.

Das geriebene Brot und das Mehl beimischen. Etwa tischtennisballgroße Klöße formen und diese etwa eine halbe Stunde ruhen lassen.

Die Klöße im Sieb über dem Dampf etwa 15 – 20 Minuten garen.

Inzwischen eine Gemüsebrühe herstellen (Fertigbrühe oder eine aus frischem Gemüse selbst hergestellte Brühe). Nach Wunsch der fertigen Brühe einige Gemüsejuliennes hinzufügen.

Die heißen Klöße in eine Suppenterrine legen und mit der fertigen Brühe übergießen.

Erdnuss-Avocado-Suppe

Zutaten
etwa 100 g gemahlene Erdnüsse
½ Zwiebel
ca. 1 l Gemüsebrühe
½ Avocado
100 – 150 g Tofu
etwas Sojasauce
wenig Cayennepfeffer
etwas Öl
evtl. etwas Salz
1 rote Paprikaschote
1 nicht zu reife Banane

Zubereitung
Die Erdnüsse unter ständigem Rühren ohne Fett leicht anrösten.

Die Zwiebel fein schneiden, zu den Erdnüssen geben und kurz mitrösten.

Die heiße Gemüsebrühe angießen.

Die Avocadohälfte schälen. In Stücke schneiden und hinzufügen. Die Suppe einige Minuten sanft kochen. Dann mit dem Stabmixer pürieren.

Inzwischen den Tofu in feine Würfelchen schneiden und mit etwas Sojasauce und nach Wunsch mit etwas Cayennepfeffer würzen. Ziehen lassen. Dann in Öl leicht anbraten. Zur pürierten Suppe geben. Aufkochen und falls nötig noch etwas salzen und nachwürzen.

Die Paprikaschote entkernen und in kleine Stückchen, die geschälte Banane in feine Scheibchen schneiden. Vor dem Servieren zur Suppe geben. Nicht mehr kochen.

Hauptgerichte

Tofu-Burger

Zutaten
250 – 300 g Tofu
2 größere Karotten
etwa 12 Walnüsse
abgeriebene Schale von
  einer halben unbehandelten Zitrone
etwa 2 TL Madras-Curry
etwa 1 TL Kurkuma
1 gute Msp Cumin
Salz
etwas Öl oder Fett zum Braten

Zubereitung
Den Tofu und die Möhren fein reiben.
Die Walnüsse schälen und reiben und zu der Tofu-Mischung geben.
Die restlichen Gewürze sowie das Salz untermischen.
Bratlinge formen und diese etwas ruhen lassen.
Die Bratlinge in Fett oder Öl langsam braten, bis sie eine hellbraune Farbe angenommen haben.

Tofu-Curry

Zutaten
etwa 500 g Tofu, in mundgerechte Würfel geschnitten
1 EL Öl zum Dünsten
½ Zwiebel, in Streifen geschnitten
1 – 1½ EL Curry
1 rote und 1 gelbe Paprikaschote, in Stücke geschnitten
1 Zucchini, in Stücke geschnitten
1 Apfel, geschält und in feine Würfel geschnitten
4 Ananasscheiben, in Würfel geschnitten
1 kleine Tasse Gemüsebrühe
etwas Sahne zum Verfeinern
1 Hand voll Mandeln, geschält und in Stifte geschnitten
1 feste Banane, in Scheiben geschnitten

Für die Marinade
½ EL Gomasio
3 – 4 EL Tamari
3 – 4 EL Öl

Zubereitung

Den Tofu marinieren. Die Würfel leicht abstreifen und im heißen Öl goldgelb braten. Die Würfel herausnehmen und warm stellen.

In derselben Bratpfanne die Zwiebelstücke in etwas Öl andünsten. Das Currypulver darüber streuen und die Paprikaschoten sowie die Zucchinistücke hinzufügen. Das Ganze kurz zusammen sautieren.

Die Äpfel und die Ananaswürfel dazugeben und mitdämpfen. Mit der Gemüsebrühe übergießen und kurz aufkochen lassen. Die Sauce mit Sahne verfeinern und gegebenenfalls nachwürzen.

Die Mandelstifte in einer separaten Pfanne rösten. Nun die gebratenen Tofuwürfel, die Bananenscheibchen und die Mandelstifte darunter mengen. Das Curry heiß werden lassen und mit Reis servieren.

Tofu mit Auberginen
Für Knoblauchliebhaber

Zutaten
8 Scheiben Tofu, etwa ¾ cm dick
2 Knoblauchzehen, gepresst
Olivenöl
16 Scheiben Auberginen, etwa ¾ cm dick
etwas Salz
700 g reife Tomaten
½ Zwiebel, fein geschnitten
Öl zum Andünsten
ein kleiner Rosmarinzweig
schwarzer Pfeffer, frisch gemahlen
1 TL Gemüsebrühe-Extrakt
einige frische Basilikum-Blättchen

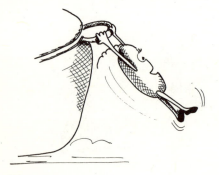

Zubereitung

Die Tofuscheiben mit dem Knoblauch in Olivenöl einlegen.
Die Auberginenscheiben in eine große, flache Platte legen, mit Salz bestreuen und ruhen lassen, bis der Saft austritt. Die Tomaten schälen, entkernen und in Stücke schneiden. Die Zwiebel in Öl andünsten.

Die Tomatenstücke, die fein geschnittenen Rosmarinnadeln, den gepressten Knoblauch, den Pfeffer und den Gemüsebrühe-Extrakt hinzufügen. Die Sauce kochen, bis sie die gewünschte Konsistenz hat.

Den Tofu leicht abstreifen, salzen und in Olivenöl anbraten. Die Auberginescheiben mit einem Küchenkrepp trocken tupfen und ebenfalls in Olivenöl oder Fett sanft anbraten.

Eine nicht zu niedrige Form abwechselnd mit einer Lage Auberginen und einer Lage Tofuscheiben belegen.

Zuletzt das Gericht mit der fertigen Tomatensauce übergießen. Die Basilikum-Blättchen darauf verteilen, zudecken und einige Zeit stehen lassen, bis das Gericht schön durchgezogen ist.

Tipp: Tofu mit Auberginen kann auch sehr gut kalt gegessen werden.

Tofu-Clowns

Zutaten
etwa 250 g Tofu
1 kleines Ei
etwa 50 g geschmolzene, aber nicht heiße Butter
2 – 3 Knoblauchzehen, gepresst
evtl. 2 – 3 EL Sahne
1 Bund Schnittlauch, fein geschnitten
½ Bund Petersilie, gehackt
frische Majoranblättchen (nach Geschmack)
Salz
Pfeffer
2 Scheiben Zucchini oder Kürbis pro Person,
    etwa 1 cm dick geschnitten
Öl zum Einpinseln der Ofenform
pro Scheibe ein Stück rote Paprikaschote,
    in Ringform geschnitten
einige Karottenstifte, roh oder ganz kurz blanchiert
Gemüsebrühe

Zubereitung

Den Tofu mit dem Ei, der Butter, dem Knoblauch und gegebenenfalls der Sahne (falls die Masse sehr trocken ist) im Mixer pürieren.

Den Schnittlauch, die Petersilie und den Majoran mit dem Püree mischen und mit Salz und Pfeffer abschmecken.

Die Zucchini- oder Kürbisscheiben in eine gefettete Backform legen, leicht salzen und mit je einem Paprikaring belegen. In den Ring einen Esslöffel des Pürees geben und mit einigen Karottenstiften spicken.

Wenig Gemüsebrühe in die Form gießen. In den vorgeheizten Backofen schieben (Mittelhitze) und etwa 30 – 35 Minuten backen.

Wenn nötig etwas Brühe nachgießen. Vor dem Servieren die Garprobe machen.

Tofu-Pilz-Gericht

Zutaten
etwa 300 g Tofu, in mundgerechte Stücke geschnitten
Öl oder Fett zum Braten
200 g grüne Bohnen (am besten eignen sich die breiten grünen Bohnen)
1 mittlere Zwiebel
etwas Öl oder Butter zum Dünsten
300 g Austernpilze
Salz
350 g Vollkorn-Spiralen oder andere Teigwaren
1 Stück Butter zum Verfeinern

Für die Marinade
Saft von einer großen Zitrone
4 – 5 Knoblauchzehen, fein gehackt oder gepresst
½ Bund Petersilie, fein gehackt
Cayennepfeffer
3 TL Tamari
Salz
4 – 5 EL Öl

Zubereitung

Die Zutaten für die Marinade gut mischen und den Tofu einige Stunden darin einlegen.

Den Tofu aus der Marinade nehmen, abstreifen und in Öl oder Fett hellbraun braten. Dann die Marinade zugießen und leicht kochen, bis die Flüssigkeit verdampft ist.

Inzwischen die Bohnen waschen, putzen und in etwa 3 cm lange Stücke schneiden. Im Dampf separat al dente kochen. Die Zwiebel in Halbmonde schneiden und in Öl oder Butter glasig dünsten.

Die Austernpilze putzen und in mundgerechte Stücke schneiden. Zu den Zwiebeln geben und alles zusammen dünsten. Die Bohnen hinzufügen, mischen und würzen.

Die Teigwaren al dente kochen und abseihen.

Die Pilz-Bohnen-Mischung, die Teigwaren und die Tofuwürfel vorsichtig mischen. Wenn nötig nochmals erhitzen. Einige Butterflocken darunter ziehen.

Tofu-Gnocchi

Zutaten
etwa 1 kg Pellkartoffeln
etwa 200 g Tofu, fein gerieben
2 Eier
etwa 50 g geriebener Käse (Parmesan oder Gruyère)
Salz
etwa 100 g Reismehl
etwa 150 – 200 g Weizenvollkornmehl, gesiebt
etwas Salz
1 EL Öl
geriebener Parmesan zum Bestreuen
100 g Butter
einige Salbeiblätter
3 – 4 Knoblauchzehen, sehr fein geschnitten
Salz

Zubereitung

Die noch heißen Pellkartoffeln schälen und durch die »Flotte Lotte« pressen. Die Masse mit dem Tofu vermengen. Etwas auskühlen lassen. Eier, Käse und Salz dazugeben und gut mischen.

Das Reismehl sowie das gesiebte Weizenvollkornmehl hinzufügen und zusammenkneten. Aus der festen Masse von Hand auf einem großen Brett ungefähr fingerdicke Rollen drehen. Davon etwa 2 cm lange Stücke abschneiden und in kochendes, leicht gesalzenes Wasser, dem 1 EL Öl beigefügt wurde, legen. Die Hitze reduzieren und die Gnocchi nur ziehen lassen, bis sie an die Oberfläche steigen. Diesen Vorgang immer nur portionenweise ausführen, damit die Gnocchi nicht zusammenkleben. Die Gnocchi aus der Pfanne heben und mit kaltem Wasser abschrecken. Einzeln auf ein Küchentuch zum Antrocknen legen.

Wenn alle Gnocchi gekocht sind, diese nebeneinander in eine große eingeölte Gratinform legen (nicht schichten!). Mit dem geriebenen Parmesan bestreuen und im heißen Backofen etwa 10 – 15 Minuten backen.

Inzwischen die Butter schmelzen, die Salbeiblätter und den Knoblauch hinzufügen und das Ganze salzen. Die Salbeibutter nicht zu heiß werden lassen und die fertig gebackenen Gnocchi damit übergießen, am besten auf dem Teller.

Chili mit Tofu

Zutaten
etwa 300 g Tofu, in mundgerechte Würfel geschnitten
etwa 300 g weiße oder rote Bohnen, über Nacht eingeweicht
Öl zum Dünsten
1 mittlere Zwiebel, fein geschnitten
1 große rote oder gelbe Paprikaschote, in nicht zu große Stücke geschnitten
1 EL süßes Paprikapulver
2 – 3 Tomaten
1 kleine scharfe Pfefferschote oder etwas Cayennepfeffer
2 – 3 Knoblauchzehen, fein geschnitten oder durchgepresst
½ TL Kreuzkümmel
2 – 3 Nelken
1 Lorbeerblatt
Salz
Öl zum Anbraten
1 Hand voll Pinienkerne
1 Stück Butter zum Verfeinern

Für die Marinade
Saft einer Zitrone
1 – 2 EL Tamari
Cayennepfeffer
1 Prise Nelkenpulver
Salz
3 – 4 EL Öl

Zubereitung

Die Tofuwürfel mindestens eine Stunde marinieren.

Die eingeweichten Bohnen fast gar kochen.

Die Zwiebel in Öl glasig dünsten. Die Paprikaschotenstücke hinzufügen und mitdünsten. Mit Paprikapulver würzen.

Die Tomaten kurz in kochendes Wasser tauchen, häuten, entkernen und in grobe Stücke schneiden und diese zu den Zwiebeln geben.

Die Chilischote halbieren, die Kerne entfernen und zum Gemüse geben.

Die fast garen Bohnen mit dem Rest des Kochwassers unter die Gemüsemasse rühren. Knoblauch, Kreuzkümmel, Nelken, Lorbeerblatt und Salz hinzufügen. Alles mischen und etwa 10 Minuten köcheln lassen.

Inzwischen den Tofu aus der Marinade heben und in heißem Öl goldgelb braten. Zur Mischung geben und alles nochmals 10 bis 15 Minuten zusammen köcheln lassen.

Zum Schluss die Pinienkerne und die Butterflocken unterziehen (vorher Garprobe machen) und das Gericht mit Salzkartoffeln oder Polenta servieren.

Tofuwürfel mit Gemüse und Trockenaprikosen

Zutaten
*400 g Tofu, in ungefähr 2 × 2 cm große Würfel
  geschnitten
50 – 70 g Trockenaprikosen, fein gewürfelt
1 Glas trockener Weißwein
Öl zum Anbraten
1 große Tasse Möhrenwürfel
1 große Tasse Lauchringe
1 große Tasse Selleriewürfel
1 Tasse kräftige Gemüsebrühe
etwas Salz
nach Wunsch etwas fein geschnittene Ingwerwurzel*

Für die Marinade
*4 – 5 EL Öl
Saft von einer großen Zitrone
abgeriebene Schale von
  einer halben unbehandelten Zitrone
1 Stück frische Ingwerwurzel, geschält, fein gerieben oder
  ganz klein geschnitten
etwas weißer Pfeffer, frisch gemahlen
Salz*

Zubereitung

Die Zutaten für die Marinade gut vermischen und die Tofuwürfel hineinlegen. Um sicherzugehen, dass alle Stücke mit der Marinade in Kontakt kommen, die Tofuwürfel von Zeit zu Zeit vorsichtig mischen.

Die Trockenaprikosenstücke im trockenen Weißwein einlegen.

Den Tofu aus der Marinade heben und in Öl oder Fett anbraten. Den Tofu aus der Pfanne nehmen und das Gemüse in derselbenPfanne andünsten. Den Tofu in die Pfanne zurückgeben.

Die konzentrierte Gemüsebrühe angießen und die Aprikosen mit dem Weißwein dazumischen. Gegebenenfalls etwas salzen und den Ingwer hinzufügen.

Auf kleinem Feuer sanft kochen, bis das Gemüse al dente ist. Mit Butterflöckchen belegen und das Gericht mit Salzkartoffeln servieren.

Tofu-Pfeffersteak
Nur für Pfefferliebhaber

Zutaten
*Pro Person 2 – 3 Scheiben Tofu,
    etwa 1 cm dick geschnitten
3 – 4 EL Tamari
Öl zum Anbraten
einige Petersilienstängel
½ kleine, möglichst rote Zwiebel
je 1 gestrichener TL schwarze und weiße Pfefferkörner
1 – 2 Gläschen trockener Weißwein
½ Tasse kräftige Gemüsebrühe
    oder etwas Gemüsebrühwürfelextrakt
2 kleine Zweige frischer Majoran
1 kleiner Zweig Thymian
2 – 3 EL Crème fraîche oder etwas frische Sahne*

Zubereitung

Die Tofuscheiben mit Tamari beträufeln und etwas ziehen lassen.

Die Tofuschnitten in Öl oder Fett goldgelb braten, aus der Pfanne nehmen und warm stellen.

Petersilie und Zwiebel sehr fein schneiden und in der selben Bratpfanne in etwas Öl oder Butter andämpfen.

Die Pfefferkörner im Mörser zerstoßen, zu den Zwiebeln geben und bei ganz milder Hitze kurz zusammen sautieren (bei zu starker Hitze wird der Pfeffer bitter). Mit dem Weißwein ablöschen und mit etwas kräftiger Gemüsebrühe bzw. mit Gemüsebrühwürfelextrakt würzen.

Die Blättchen von den Majoran- und Thymianzweigen abzupfen, zur Sauce hinzufügen und diese einige Minuten sanft kochen. Mit 2 – 3 EL Crème fraîche oder flüssiger Sahne verfeinern.

Die warm gestellten Tofusteaks mit der Sauce übeziehen.

Die Tofusteaks passen sehr gut zu Trockenreis oder Reisnudeln.

Frühlingsrollen

Zutaten
Für den Teig
2 Tassen Weizenmehl, Type 1050
1 Prise Salz
¾ Tasse lauwarmes Wasser

Für die Füllung
1 Stück Weiß- oder Chinakohl, in Streifen geschnitten
1 Karotte, gerieben
2 EL Mungosprossen
1 rote Paprika, fein geschnitten
etwas Zwiebelgrün oder Lauch,
  in feine Streifen geschnitten
etwas Öl zum Andämpfen
50 – 100 g Tofu, gerieben
Salz
weißer Pfeffer, frisch gemahlen
etwas Maisstärke
1 Ei
Öl zum Frittieren

Zubereitung

Alle Teigzutaten vermischen und gut durchkneten. Den Teig in ein feuchtes Tuch wickeln und etwa 2 Stunden ruhen lassen.

Das Gemüse mit dem Zwiebelgrün in etwas Öl leicht andämpfen. Sobald es zusammengefallen ist, den Tofu hinzufügen. Den Topf vom Feuer ziehen, das Gemüse salzen und pfeffern und gut durchmischen.

Den Teig zu einer Rolle von etwa 5 cm Dicke formen. Davon etwa 1 ½ – 2 cm dicke Scheiben schneiden, dünn auswalken und bis zur Verwendung mit einem feuchten Tuch bedecken.

In jedes Stück Teig einen Löffel Füllung setzen. Die Maisstärke mit dem Ei verquirlen und die Teigränder damit bepinseln. Kleine Pakete anfertigen und diese in heißem Öl frittieren. Auf Küchenkrepp legen, um das überschüssige Öl zu entfernen. Einige Minuten ruhen lassen und die Rollen dann in sehr heißem Öl schnell fertig frittieren.

Tofu »Bolognese«

Zutaten
1 kg Tomaten
etwa 250 g Tofu, fein gewürfelt
etwas Olivenöl
½ Zwiebel, fein geschnitten
2 mittlere Karotten, in feine Würfel geschnitten
1 Stück Sellerieknolle, in feine Würfel geschnitten
3 – 4 Knoblauchzehen, fein gehackt oder durch die Knoblauchpresse gedrückt
einige Rosmarinnadeln, fein geschnitten
einige Blättchen Oregano
1 – 2 Nelken
½ Lorbeerblatt
Salz
Pfeffer, frisch gemahlen
evtl. etwas trockener Rotwein
1 EL frisches Basilikumkraut, fein geschnitten
1 kleines Stück Butter zum Verfeinern

Zubereitung

Die Tomaten häuten, entkernen und in Würfel schneiden.
Die Tofuwürfel in Olivenöl anbraten, aus der Pfanne nehmen und in einer Schüssel beiseite stellen.
Die Zwiebel ebenfalls in Olivenöl andünsten. Karotten- und Selleriewürfel sowie Tomatenstücke und Knoblauch hinzufügen, gut mischen und die Tofuwürfel darunter mengen.
Die Gewürze, mit Ausnahme von Basilikum, sowie – wenn gewünscht – den Wein hinzufügen und das Gericht etwa ½ Stunde leicht köcheln lassen.
Zum Schluss die zerzupften Basilikumblätter dazugeben und mit einem Stück Butter verfeinern.
Zu Spaghettis servieren.

Tofu im Reisring

Zutaten
400 – 450 g Tofu
1 kleine Zwiebel, fein gehackt
Öl zum Dünsten
2 Tassen Vollkornreis
1 Glas trockener Weißwein
4 Tassen Gemüsebrühe
½ TL Safranfäden
1 – 2 Knoblauchzehen, gepresst
etwa 100 – 150 g frische Champignons oder
   1 mittelgroßes Glas Champignons
1 große Gemüsezwiebel
Öl zum Anbraten
Salz
Pfeffer

Für die Marinade
ein kleiner Zweig Rosmarin
1 – 2 kleine Zweige Majoran
ein kleiner Zweig Thymian
Saft von ½ Zitrone
Salz
schwarzer Pfeffer,
   frisch gemahlen
einige EL Öl

Zubereitung

Zur Herstellung der Marinade die Nadeln von dem Rosmarinzweig abzupfen und fein schneiden. Die Blättchen von Majoran und Thymian abzupfen. Alle Zutaten für die Marinade vermischen. Den Tofu in Würfel schneiden und mindestens 1 Stunde in der Marinade einlegen.

Die Zwiebel in wenig Öl sanft glasig dünsten. Den Reis waschen, dazugeben und unter Umrühren ebenfalls glasig dünsten.

Den angewärmten Weißwein angießen und einkochen. Die Gemüsebrühe, die Safranfäden und den Knoblauch hinzufügen und köcheln lassen, bis der Reis fast gar ist.

Die geputzten und fein gescheibelten Champignons unterziehen, den Reis fertig garen und ausquellen lassen.

Inzwischen die große Zwiebel in Halbmonde schneiden und in Öl langsam goldgelb braten. Aus der Bratpfanne nehmen. Die Tofuwürfel aus der Marinade heben, abstreifen und in der selben Bratpfanne hellbraun braten. Mit den Zwiebelringen mischen und mit Salz und Pfeffer abschmecken.

Den ausgequollenen Reis in eine leicht gebutterte Ringform füllen, andrücken und wenn er fest ist, auf eine Platte stürzen. In die Mitte die Tofu-Zwiebel-Mischung geben.

Gebratene Selleriescheiben mit Tofu-Käse-Einlagen

Zutaten pro Person
2 große oder 4 kleine Selleriescheiben
Salz
1 oder 2 dünn geschnittene Scheiben Tofu
Zimtpulver
Cayennepfeffer nach Belieben
1 oder 2 dünn geschnittene Käsescheiben (Gruyère oder anderer Käse)
Fett oder Öl zum Anbraten

Zum Panieren
1 – 2 Eier
Semmelbrösel aus Vollkornbrot
gemahlene Walnüsse

Zubereitung

Den Sellerie waschen und schälen. In Scheiben schneiden und im Dampf knapp weich kochen.

Für die Panade die Eier verquirlen. Semmelbrösel und Walnüsse je zur Hälfte mischen.

Die Selleriescheiben leicht salzen und jede Scheibe jeweils nur auf einer Seite panieren.

Die Tofuscheiben ebenfalls leicht salzen und mit Zimt bestäuben. (Wer Zimt mag, darf mit diesem Gewürz großzügig umgehen.) Nach Wunsch mit etwas Cayennepfeffer würzen. Zwischen 2 Selleriescheiben (Panade nach außen) je 1 Tofu- und 1 Käsescheibe legen.

Die ziemlich dicken Pakete in Fett oder Öl auf beiden Seiten langsam goldbraun braten. Sie müssen beim Wenden sehr vorsichtig behandelt werden.

Pfannkuchen mit Einlage

Für 4 Pfannkuchen

Zutaten
4 Scheiben Tofu, etwa 1 cm dick geschnitten
Kräuter der Provence
Salz
2 – 3 EL Öl

Für den Pfannkuchenteig
200 g Vollkornweizenmehl, gesiebt
2 große Eier
1 TL Backpulver
½ TL Salz
etwa 300 ml Flüssigkeit (halb Milch, halb Wasser), leicht erwärmt

Für die Füllung
1 mittelgroße Zucchini oder etwa 200 g Kürbis
Öl oder Fett zum Anbraten
4 – 5 Tomaten, gehäutet und entkernt
Salz
Pfeffer, frisch gemahlen
½ TL Kräuter der Provence
50 – 100 g Feta-Käse oder anderer Käse (je nach Vorliebe), in feine Würfel geschnitten

Zubereitung

Den Tofu einige Stunden mit einer Mischung aus Kräutern der Provence, Salz und Öl marinieren.

Die Zutaten für den Teig gut mischen und mindestens 1 Stunde ruhen lassen.

Den Tofu aus der Marinade heben, leicht abstreifen, salzen, in Öl hellbraun braten und warm stellen.

Zucchini oder Kürbis in nicht zu große Würfel schneiden und in Öl leicht sautieren.

Die geschälten und entkernten Tomaten in Stücke schneiden. Wenn sie zu viel Flüssigkeit haben, zuerst leicht ausdrücken.

Den Kürbis und die Tomaten mischen und mit Salz, Pfeffer und den Kräutern der Provence je nach Geschmack würzen. Leise kochen und darauf achten, dass das Gemüse nicht verkocht.

Zuletzt die Käsewürfel zur Mischung geben und nur noch heiß werden lassen, damit der Käse nicht schmilzt.

In der Zwischenzeit die Pfannkuchen in Öl oder Fett braten. Jeden Pfannkuchen mit einer Scheibe Tofu belegen und 2 – 3 EL der Gemüse-Mischung dazugeben. Die Pfannkuchen zur Hälfte umschlagen und mit verschiedenen Salaten servieren.

Tofu im Wok

Zutaten
etwa 400 g Tofu, in etwa 2 cm große Würfel geschnitten
3 mittlere, rote und orange oder gelbe Paprikaschoten
3 Möhren
etwa 2 – 3 Stangen Sellerie
1 mittelgroßer Lauch
1 kleiner Blumenkohl
etwa 100 g frische oder tiefgekühlte Erbsen
Öl oder Fett
etwas geriebener Ingwer
1 Hand voll Sonnenblumenkerne
Salz
Butterflocken

Für die Marinade
4 – 5 EL Tamari
ein Stück frischer Ingwer, geschält und gerieben

Zubereitung

Den Tofu einige Stunden in die Marinade aus Tamari und frischem Ingwer legen.

Die Paprikaschoten putzen, entkernen und in Streifen schneiden. Die Möhren in feine Streifen schneiden. Den Sellerie in Streifen, den Lauch in Ringe schneiden. Den Blumenkohl in Röschen teilen.

Die Blumenkohlröschen und die Erbsen im Dampf fast weich kochen. Das restliche Gemüse in einen Wok oder eine weite Bratpfanne geben und unter Rühren braten.

Die Tofuwürfel aus der Marinade nehmen, abstreifen und in Öl oder Fett vorsichtig goldgelb braten.

Den Ingwer zum al dente gegarten Gemüse geben, ebenso die Blumenkohlröschen, die Erbsen und die Sonnenblumenkerne. Das Ganze salzen und gut mischen. Dann die gebratenen Tofuwürfel darunter heben. Einige Butterflocken darauf verteilen und nochmals kurz mischen.

Tofu-Gemüse-Spieße

Zutaten
350 – 400 g Tofu
1 rote oder gelbe Paprikaschote
½ mittlere Zwiebel
evtl. etwas Salz
etwas Öl oder Fett

Für die Marinade
1 Teelöffel Senf
einige Rosmarinnadeln
einige Blättchen Lavendel
1 – 2 Knoblauchzehen, gepresst
Saft von 1 Mandarine oder ½ Orange
1 Prise Cayennepfeffer
1 Schuss Tamari
Salz
4 – 5 EL Olivenöl

Zubereitung

Die Zutaten für die Marinade mischen. Den Tofu in etwa 2½ cm große Würfel schneiden und einige Stunden marinieren. Achten Sie darauf, dass die Würfel gut bedeckt sind. Anschließend die Würfel aus der Marinade nehmen und leicht abstreifen.

Die Paprikaschote und die Zwiebel in ähnlich große Stücke schneiden wie den Tofu und alle Würfel abwechselnd auf Spieße stecken. Wenn nötig leicht salzen und in Öl oder Fett braten.

Tipp: Tofu-Gemüse-Spieße passen gut zu Okara-Bratlingen.

Panierte Tofuschnitten

Zutaten
pro Person etwa 2 Scheiben Tofu
evtl. etwas Salz
etwas Mehl
1 – 2 Eier, leicht verrührt
2 – 3 EL Sesam
2 – 3 EL geriebene Walnüsse
etwas Öl oder Fett
pro Tofuschnitzel 1 Orangenscheibe, geschält
1 kleines Stück Butter

Für die Marinade
Saft und abgeriebene Schale von 1 großen unbehandelten Orange
3 – 4 Knoblauchzehen, gepresst
½ kleine Zwiebel, sehr fein geschnitten
4 – 5 EL Oliven- oder Sonnenblumenöl
1 TL Garam Masala (indische Gewürzmischung)
Salz

Zubereitung

Die Zutaten für die Marinade mischen. Den Tofu in knapp 1 cm dicke Scheiben schneiden und einige Stunden marinieren. Achten Sie darauf, dass die Würfel gut bedeckt sind. Anschließend den Tofu aus der Marinade heben und abstreifen. Wenn nötig leicht salzen.

Das Mehl in einen flachen Teller geben. Die Tofuscheiben erst im Mehl, dann im Ei und danach in der Sesam-Nuss-Mischung wenden. Die Panade leicht anklopfen. Die Tofuschnitzel in Fett oder Öl langsam braten.

Die Tofuschnitzel auf einer heißen Platte anrichten und auf jedes Schnitzel eine in einer separaten, bebutterten Pfanne leicht erwärmte Orangenscheibe legen.

Mit Salzkartoffeln oder Couscous servieren.

Pestoschnitzel

Zutaten
300 – 350 g Tofu, fein gerieben
etwa 50 g Pinienkerne, gerieben
5 – 6 Knoblauchzehen, gehackt oder gepresst
2 gehäufte EL frische Basilikumblätter, fein zerzupft oder geschnitten
Pfeffer, frisch gemahlen
nach Belieben etwas geriebener Parmesankäse
Salz
1 EL Olivenöl
Öl oder Fett zum Anbraten

Zubereitung
Den Tofu mit den Pinienkernen, den Gewürzen, dem Parmesan, dem Salz und dem Öl gut mischen. Aus der Masse Schnitzel formen und in Öl oder Fett goldgelb braten. Pestoschnitzel schmecken gut zu Spaghetti an Tomatensauce oder Risotto.

Tofu-Kastanien-Kugeln

Zutaten
etwa 400 g Tofu
Kräuter der Provence
Salz
etwa 400 – 500 g Esskastanien
2 Eier
Olivenöl zum Ausbacken

Zubereitung
Mit dem Apfelausstecher Kugeln aus dem Tofu ausstechen. Diese in eine Schüssel geben und mit den Kräutern der Provence und Salz würzen. Mindestens 3 – 4 Stunden stehen lassen. Die Tofureste, die vom Ausstechen übrigbleiben, können z. B. für Tofu-Burger oder Spaghetti Bolognese verwendet werden.

In der Zwischenzeit die Kastanien kochen. Dafür die Schale inklusive der Haut gut einschneiden, die Kastanien in kochendes Wasser geben und einige Minuten kochen, herausnehmen und ganz heiß schälen. (Immer nur wenige Kastanien aus dem Wasser nehmen, damit sie nicht erkalten.) Die sauber geschälten Kastanien nochmals in leicht gesalzenem Wasser gut weich kochen, etwas erkalten lassen und im Mixer mit den Eiern sehr fein pürieren. Wenn nötig nachwürzen.

Die Tofukugeln einzeln mit dem Püree ummanteln. Ins heiße Öl geben und vorsichtig schwimmend ausbacken. Die Kugeln herausnehmen und auf Küchenkrepp legen, um überschüssiges Öl zu entfernen.

Tofu-Kastanien-Kugeln passen sehr gut zu Rotkohl.

Ratatouille mit Tofuwürfeln

Zutaten
etwa 300 g Tofu
etwa 400 g rote und gelbe Paprikaschoten
etwa 300 g Zwiebeln
etwa 400 g Tomaten
2 – 3 Knoblauchzehen
4 – 5 EL Olivenöl
Salz
Pfeffer
nach Wunsch etwas Cayennepfeffer

Für die Marinade
etwas italienische Kräutermischung
Salz
etwas Öl

Zubereitung

Den Tofu in mundgerechte Würfel schneiden, mit der Kräutermischung und Salz bestreuen, mit Öl leicht beträufeln und mischen. Einige Stunden marinieren.
Die Paprikaschoten waschen, Rippen und Kerne entfernen und in nicht zu feine Streifen schneiden. Die Ratatouille sieht schön aus, wenn die Paprikaschoten verschieden farbig sind.
Die Zwiebeln in Ringe schneiden, die Tomaten schälen, entkernen und grob schneiden. Den Knoblauch schälen und fein schneiden.
Das Öl erhitzen und die Zwiebeln glasig dünsten. Paprika und Tomatenwürfel sowie den fein zerkleinerten Knoblauch hineingeben. Sanft köcheln lassen, bis das Gemüse al dente ist. Mit Salz und Pfeffer würzen.
Die Tofuwürfel in einer separaten Pfanne goldgelb braten, unter die fertige Ratatouille heben und das Gericht nochmals ganz kurz aufkochen, damit alles schön heiß ist.

Tofuschnitten an Zitronen-Sahne-Sauce

Zutaten
etwa 400 g Tofu
etwas Öl oder Fett zum Braten
1 knapper TL Maisstärke
einige EL Zitronensaft,
   mit derselben Menge Wasser gemischt
Salz
weißer Pfeffer, frisch gemahlen
100 ml Sahne

Für die Marinade
Saft von einer großen Zitrone
1 Streifen Zitronenschale von einer
   unbehandelten Zitrone, ganz fein geschnitten
etwa 1 TL Thymianblättchen
weißer Pfeffer, frisch gemahlen
Salz nach Belieben
4 – 5 EL Olivenöl

Zubereitung

Alle Zutaten für die Marinade vermischen. Den Tofu in etwa ¾ cm dicke Scheiben schneiden und einige Stunden marinieren.

Den Tofu aus der Marinade heben, leicht abstreifen und eventuell leicht salzen, in Öl oder Fett bei kleiner Hitze langsam goldgelb braten. Aus der Pfanne nehmen und warm stellen. Die Hitze reduzieren. Die übrig gebliebene Marinade zum Bratfond geben.

Die Maisstärke im verdünnten Zitronensaft auflösen und in die Pfanne zur Marinade gießen. Aufkochen, würzen und mit der Sahne verfeinern. Die Tofuschnitten mit der Sauce überziehen und mit Reis servieren.

Tofu-Kichererbsen-Bratlinge

Zutaten
etwa 250 g Tofu, fein gerieben
etwa 150 g weich gekochte Kichererbsen
1 Ei
½ Zwiebel, sehr fein gehackt
Öl oder Fett
1 TL schwarze Senfkörner
etwa 1½ TL Curry
etwa 1 TL Kurkuma
1 EL Sesam, nach Wunsch geröstet
Salz
etwas Mehl zum Binden
pro Bratling 1 Ananasscheibe
½ Zwiebel

Zubereitung
Den Tofu mit den Kichererbsen und dem Ei im Mixer pürieren.
Die Zwiebel in Öl oder Fett vorsichtig andünsten. Die Gewürze hinzufügen und kurz mitdünsten lassen. Mit der Tofu-Kichererbsen-Paste mischen.
Den Sesam, das Salz und das Mehl ebenfalls mit der Masse mischen, Bratlinge formen und diese in Öl oder Butter sanft braten. Jeden Bratling auf eine erwärmte Ananasscheibe setzen und mit gerösteten, fein geschnittenen Zwiebeln garnieren.

Gemüse-Tofu-Mischung
für Spaghetti oder andere Teigwaren

Zutaten
etwa 200 g Tofu
Tamari nach Geschmack
2 große Möhren, gerieben
½ mittlere Sellerieknolle, gerieben
2 – 3 Knoblauchzehen, fein geschnitten
1 rote oder gelbe Paprikaschote,
  in feine Streifen geschnitten
etwas Öl oder Fett zum Braten
2 große Tomaten, geschält, entkernt und in feine Würfel
  geschnitten
Salz
Pfeffer, frisch gemahlen
Butterflöckchen

Zubereitung
Den Tofu in kleine Würfel schneiden, in eine Schüssel geben und mit Tamari beträufeln. Etwa 1 Stunde ziehen lassen.

Das gesamte Gemüse, mit Ausnahme der Tomaten, in Öl oder Fett sautieren, bis es al dente ist.

Die Tofuwürfelchen in einer separaten Bratpfanne mit etwas Öl goldgelb braten und unter das Gemüse mischen.

Die Tomatenwürfel dazugeben und nach Belieben salzen und pfeffern. Achten Sie darauf, dass die Tomaten beim Mischen nicht zerfallen.

Butterflocken auf dem Gemüse verteilen und nochmals kurz mischen.

Tofu »Oasis«

Zutaten
etwa 400 g Tofu
1 große Zwiebel
Öl zum Anbraten
2 rote Paprikaschoten
1 Tasse Bulgur
etwa 2 Tassen Gemüsebrühe
1 knappe Hand voll Kokoschips oder 2 EL Kokosflocken
1 Hand voll getrocknete Ananasstücke
etwa 100 g Datteln, fein geschnitten
Salz

Für die Marinade
100 ml Tamari
etwas Cayennepfeffer

Zubereitung

Den Tofu in fingerdicke Streifen schneiden und in eine Marinade aus Tamari und Cayennepfeffer legen.

Die Zwiebel in feine Halbmonde schneiden und in heißem Öl goldgelb anbraten.

Die Paprikaschoten waschen, entkernen und in 2 × 2 cm große Stücke schneiden und hinzufügen. Beides einige Minuten lang unter gelegentlichem Rühren dämpfen.

Den Bulgur hinzufügen, mischen und mit der Gemüsebrühe angießen. Die Kokosflocken ebenfalls hinzufügen und köcheln lassen.

Sobald der Bulgur beinahe gar ist (nach 15 – 20 Minuten), die Ananas- und Dattelstücke dazumischen. Den Rest der Marinade ebenfalls angießen und eventuell nachwürzen.

Die Tofustreifen in einer separaten Pfanne anbraten.

Den Bulgur auf einer Platte anrichten. Die gebratenen Tofustreifen darauf legen und das Gericht mit Salat servieren.

Piccata Tofunesa

Zutaten
etwa 400 g Tofu
ein gehäufter TL italienische Kräutermischung oder
  wahlweise Rosmarin, wenig Salbei, Majoran, Basilikum

Zum Panieren
2 Eier, verquirlt
1 EL Parmesan, gerieben
1 EL Mehl
einige Rosmarinnadeln, fein geschnitten
Salz
schwarzer Pfeffer, frisch gemahlen
Öl oder Fett

Zubereitung
Den Tofu in knapp 1 cm dicke Scheiben schneiden, mit der Kräutermischung bestreuen und ruhen lassen.

Die verquirlten Eier mit dem Parmesan, dem Mehl und den Rosmarinnadeln mischen. Die Tofuschnitzel mit Salz und Pfeffer würzen, dann in der Eimischung wenden und sofort ins heiße Öl geben. Langsam auf beiden Seiten goldgelb braten.

Zu Teigwaren oder Risotto servieren.

Okara-Bratlinge

Zutaten
150 g feine Haferflocken
200 ml Gemüsebrühe
etwa 100 – 150 g Okara
2 – 3 EL Sesamsamen
½ TL Kumin (Kreuzkümmel)
Koriandergrün, fein gehackt
etwas Salz

Zubereitung
Die Haferflocken in die kochende Gemüsebrühe geben. Mischen und einige Minuten kochen lassen. Dann vom Herd nehmen, zudecken und ausquellen lassen.

Die übrigen Zutaten mit der Haferflockenmasse mischen, wenn nötig noch etwas salzen und etwa ½ Stunden ruhen lassen.

Bratlinge formen und in Öl langsam bei kleiner Hitze beidseitig hellbraun braten.

Tofuwürfel frittiert

Zutaten
etwa 500 g Tofu
Öl zum Ausbacken

Für die Marinade
1 EL Meerrettichsenf
1 gehäufter EL Gomasio
½ TL abgeriebene Schale von
   einer unbehandelten Zitrone
1 Prise Cayennepfeffer
Salz
2 – 3 EL Öl

Für den Ausbackteig
60 g Weizenvollkornmehl, gesiebt
1 kleines Ei
2 TL Öl
½ TL Salz
1 Msp Backpulver
100 ml Mineralwasser

Zubereitung

Aus den Zutaten für die Marinade eine sämige Sauce rühren. Den Tofu in Würfel von etwa 2½ cm schneiden und einige Stunden, z. B. über Nacht, in die Marinade legen. Dabei darauf achten, dass die Würfel gut bedeckt sind.
Aus den Teigzutaten einen Ausbackteig herstellen und diesen mindestens eine Stunde ruhen lassen.
Die Tofuwürfel aus der Marinade heben, aber nicht abstreifen. Im Ausbackteig wenden und im heißen Öl goldbraun frittieren. Die frittierten Tofuwürfel auf Küchenkrepp legen, um das überschüssige Öl zu entfernen.

Dazu servieren wir Mojo (sprich: Mocho). Das ist eine auf den Kanaren sehr beliebte Sauce. Die Bewohner jeder Insel behaupten, ihr Mojo sei der allerbeste. Auf den folgenden Seiten finden Sie zwei Mojo-Rezepte von La Palma:

Mojo Rojo (Roter Mojo)

Zutaten
etwa 150 g mittelscharfe, getrocknete rote Pfefferschoten
etwa 6 große Knoblauchzehen
1 TL Salz
etwa 75 ml guten Wein- oder Apfelessig
etwa 75 ml geschmacksneutrales Öl
evtl. etwas Cayennepfeffer

Zubereitung
Die Pfefferschoten putzen, d.h. von Stielen, Samen und inneren Häuten befreien. Das geht am besten mit einer Schere.

In einer großen Pfanne Wasser zum Kochen bringen. Vom Feuer nehmen und die geputzten Schoten hineingeben. Die Schoten so lange im Wasser lassen, bis sie aufgequollen sind (etwa 15 Minuten) und dann das Wasser abgießen. Die Schoten unter kaltem Wasser kurz spülen und mit einer Schere in Stücke schneiden. Zusammen mit dem geschälten Knoblauch, dem Salz sowie dem Essig und dem Öl in den Mixer geben und pürieren. Wenn nötig nachwürzen, und für Liebhaber von scharfen Saucen, noch etwas Cayennepfeffer hinzufügen.

Sollte die Sauce zu dickflüssig sein, kann sie mit etwas Öl verflüssigt werden.

Mojo rojo hält sich wochenlang und kann deshalb sehr gut auf Vorrat hergestellt werden.

Tipp: *Mojo rojo* passt als Sauce besonders gut zu frittierten Tofuwürfeln (Rezept Seite 66).

Mojo Verde (Grüner Mojo)

Zutaten
1 – 2 frische grüne Paprikaschoten
etwa 2 große Knoblauchzehen
etwas frisches Koriandergrün
1 Msp Salz
ein kräftiger Schuss guter Weißweinessig oder Apfelessig
ein guter Schuss geschmacksneutrales Öl

Zubereitung
Die Paprika waschen, putzen und in Stücke schneiden. In den Mixer oder in ein für den Stabmixer geeignetes Gefäß geben.
Die Knoblauchzehen schälen, etwas zerschneiden und mit Koriandergrün, Salz, Essig und Öl zu den Paprikastücken geben. Alles gründlich pürieren. Die Sauce sollte dickflüssig sein.
Mojo verde hält sich im Kühlschrank drei bis vier Tage.

Tipp: *Mojo verde* passt als Sauce besonders gut zu frittierten Tofuwürfeln (Rezept Seite 66).

Schnelle Spaghetti

Zutaten
400 g Vollkornspaghetti
Salz
½ Bund frisches Basilikum, mit der Schere fein geschnitten
3 – 4 Knoblauchzehen, gepresst
1 – 2 EL Olivenöl
etwas weißen Pfeffer, frisch gemahlen
300 g Tofu, in feine Würfel geschnitten
etwa 150 ml Sahne
1 gehäufter EL Parmesankäse

Zubereitung
Die Vollkornspaghetti in reichlich Salzwasser al dente kochen. Basilikum, Knoblauch, Olivenöl, Pfeffer und Salz vermischen, die Tofuwürfel hineingeben und gut durchziehen lassen.
Wenn die Spaghetti beinahe gar sind, die Tofuwürfel mit der Marinade in eine Bratpfanne gießen und alles gut heiß werden lassen, aber nicht braten.
Die Sahne hinzufügen und alles kurz aufkochen lassen. Dann den Parmesankäse dazugeben. Mit Salz und Pfeffer würzen und die Sauce über die abgeseihten, noch heißen Spaghetti gießen.

Tofu mit Fenchel

Zutaten pro Person
2 Scheiben Tofu
etwas Öl zum Braten
1 kleinere Fenchelknolle
evtl. etwas Butter
evtl. geriebener Parmesankäse

Für die Marinade
Saft einer Zitrone
3 – 4 EL Olivenöl
1 Stück Schale von einer unbehandelten Zitrone, fein geschnitten oder gerieben
Salz
weißer Pfeffer, frisch gemahlen

Zubereitung
Die Zutaten für die Marinade verrühren. Den Tofu in etwa ½ cm dicke Scheiben schneiden und 3 – 4 Stunden marinieren.
Dann den Tofu aus der Marinade nehmen, abstreifen und goldgelb braten. Wenn nötig noch leicht salzen.
Die Fenchelknollen in 4 Scheiben schneiden, im Dampfkörbchen al dente kochen und herausnehmen.
Jeweils zwischen 2 Scheiben Fenchel eine Scheibe Tofu legen, mit flüssiger Butter beträufeln und servieren. Oder die belegten Fenchelscheiben in eine flache Ofenform legen, mit Parmesankäse überstreuen und im Ofen kurz überbacken.

Sommerlicher Eintopf

Zutaten
etwa 400 g Tofu
Salz
etwa 1 gehäufter EL fein geschnittene frische
 Pfefferminzblättchen
etwas Öl
1 große Zwiebel
Öl oder Fett zum Anbraten
400 – 500 g Maiskörner
 (frisch, tiefgekühlt oder aus dem Glas)
1 Glas trockener Weißwein oder helles Bier
1 kleine Zucchini, in Würfel geschnitten
1 – 2 große rote oder/und gelbe Paprikaschote, entkernt
 und klein geschnitten
2 – 3 Knoblauchzehen, fein gehackt
Salz
Pfeffer
1 Hand voll Cherrytomaten
nach Wunsch einige Butterflocken

Zubereitung

Den Tofu in mundgerechte Würfel schneiden und mit Salz bestreuen. Die Pfefferminzblättchen dazugeben und das Ganze mit etwas Öl beträufeln. Den Tofu wie üblich Geschmack annehmen lassen.

Die Zwiebel in Würfel schneiden und in Öl oder Fett sanft andünsten. Die Maiskörner und den Wein bzw. das Bier hinzufügen. Die Zucchini und die Paprikaschoten sowie den Knoblauch hinzufügen. Mit Salz und Pfeffer würzen und notfalls etwas Flüssigkeit angießen.

Den Tofu abstreifen und in dem Öl, mit dem er beträufelt wurde, anbraten. Die Pfefferminze zu der Gemüsemischung geben und vorsichtig köcheln lassen.

Den gebratenen Tofu ebenfalls der Gemüsemischung hinzufügen und mitköcheln lassen, bis das Gemüse al dente ist.

Kurz vor dem Servieren eine Hand voll Tomaten zum Gericht geben. Diese nur noch heiß werden lassen, ohne sie zu kochen. Nach Wunsch mit etwas Butter verfeinern.

Gemüserösti

Zutaten
etwa 300 g Tofu
einige frische Rosmarinnadeln, fein geschnitten
Salz oder Gewürzsalz
schwarzer Pfeffer, frisch gemahlen
einige Tropfen Öl
1 Zwiebel
Fett oder Öl
500 – 600 g rohe Kartoffeln
2 große rohe Karotten
1 gute Hand voll rohe grüne Bohnen
½ Stange Lauch
evtl. einige frische Champignons
1 Tasse grüne Erbsen

Zubereitung

Den Tofu in feine Würfel schneiden, mit den fein geschnittenen Rosmarinnadeln (etwa 1 gehäufter TL voll) und mit Salz oder Gewürzsalz mischen. Mit etwas Öl beträufeln und ziehen lassen.

Die Zwiebel in Halbmonde schneiden und in Fett ganz langsam andünsten.

Die Kartoffeln und Karotten nach Belieben schälen und jeweils in etwa 1 cm große Würfel schneiden.

Die Bohnen putzen und in etwa 2 cm lange Stücke schneiden.

Den Lauch putzen und in Ringe schneiden.

Die Champignons putzen und scheibeln.

Das gesamte Gemüse inklusive Erbsen in eine große Schüssel geben und mit Gewürzsalz und frisch gemahlenem schwarzem Pfeffer würzen. Den Tofu ebenfalls dazugeben und alles vermengen.

Das Gemüse zu den Zwiebeln in die Bratpfanne geben und mischen. Auf kleinem Feuer braten. Einen Deckel auf die Bratpfanne setzen, damit es besser gart. Von Zeit zu Zeit sehr vorsichtig wenden. Nach etwa 10 Minuten den Deckel entfernen (Garprobe machen) und das Gericht fertig braten, bis es goldgelb ist.

Monis versteckter Tofu in Bohnenbündeln

Zutaten
*1 kg grüne Bohnen
das Grün von Frühlingszwiebeln oder grüne Lauchblätter
einige Knoblauchzehen
etwas Bohnenkraut
250 g Räuchertofu
1 große Zwiebel
etwas Fett oder Öl
Gewürzsalz
Gemüsebrühe
einige Butterflocken nach Wunsch*

Zubereitung

Die Bohnen putzen und waschen. Je nach deren Dicke etwa 4 – 6 Bohnen ungefähr gleicher Länge auf das Zwiebelgrün bzw. die Lauchblätter legen.

Den Knoblauch schälen und in Scheibchen schneiden.

3 – 4 dieser Scheibchen längs auf die mittlere Bohne legen. Auf jedes Scheibchen kommen noch 1 – 2 der kleinen Bohnenkrautblättchen.

Vom Räuchertofu Streifen von etwa 2 × 2 cm (fast so lang wie die Bohnen) schneiden. Einen Streifen auf die Knoblauchscheibchen legen und diesen wiederum mit Knoblauchscheibchen und je einem oder 2 Blättchen Bohnenkraut belegen. Dann das Ganze mit einigen Bohnen abdecken und mit dem Grün zu Bündeln binden.

Die Zwiebel schälen und nicht zu fein schneiden. In etwas Fett oder Öl vorsichtig andünsten. Die Bündel auf das Zwiebelbett legen und ganz leicht mit Gewürzsalz bestreuen. Etwas Gemüsebrühe angießen und die Bohnen zugedeckt weich kochen. Wenn nötig Flüssigkeit nachgießen. Vor dem Servieren nach Wunsch mit einigen Butterflocken bestreuen. Eventuell das Gericht im Backofen zubereiten. Benützen Sie dafür eine Ofenform mit Deckel oder decken Sie die Form mit Alufolie ab.

Kohlgericht

Zutaten
etwa 350 g Tofu
2 EL Sojasauce
etwa ½ Weißkohl, halbiert und in Streifen geschnitten
½ Stange Lauch in Ringe geschnitten
Fett oder Öl
150 – 200 g frische Champignons,
  geputzt und in Scheibchen geschnitten
etwa 50 ml trockenen Sherry oder Reiswein
1 daumengroßes Stück frische Ingwerwurzel,
  geschält und ganz klein geschnitten
evtl. etwas Gemüsebrühe
Salz zum Nachwürzen
nach Wunsch Butterflocken zum Verfeinern

Zubereitung

Den Tofu in etwa 2 cm große Würfel schneiden, mit Sojasauce beträufeln und mindestens 30 Minuten ziehen lassen. Den Weißkohl und den Lauch in wenig Öl oder Fett leicht anbraten. Dann die geschnittenen Champignons hinzufügen und alles zusammen dämpfen.

Mit dem angewärmten Sherry oder Reiswein ablöschen und alles bei sanfter Hitze und geschlossenem Deckel etwa 10 Minuten garen. Dann den Ingwer und die Tofuwürfel hinzufügen. Das Ganze köcheln lassen, bis der Kohl gar ist, aber noch Biss hat. Nach Bedarf etwas Flüssigkeit (z. B. Gemüsebrühe) nachgießen.

Das Gericht nachwürzen und mit Butterflocken belegen, um es zu verfeinern.

Exotisches Sauerkraut

Zutaten
1 mittelgroße Zwiebel, geschält und fein geschnitten
etwas Öl oder Fett
etwa 800 g biologisches Sauerkraut
1 große Möhre, in Würfel geschnitten
250 – 300 g Räuchertofu,
  in etwa 1 cm große Würfel geschnitten
etwas trockener Weißwein oder Gemüsebrühe zum
  Angießen
etwa 4 Scheiben Ananas, in Stücke geschnitten
wenn nötig Salz zum Nachwürzen

Zubereitung
Die Zwiebel in etwas Öl oder Fett bei sanfter Hitze eine leicht goldene Farbe annehmen lassen.

Das Sauerkraut mit einer Gabel lockern, hinzufügen und anziehen lassen.

Die Möhren- und Tofuwürfel hinzufügen. Bei sehr sanfter Hitze dämpfen. Wenn nötig etwas Flüssigkeit angießen.

Wenn die Möhrenwürfel al dente sind, die Ananasstücke mit dem Gericht mischen und das Kraut nochmals 2 – 3 Minuten köcheln lassen. Wenn nötig nachwürzen. Mit Salz- oder Pellkartoffeln servieren.

Tofuschnitten an Senfsauce

Zutaten
pro Person 2 – 3 Tofuschnitten,
  etwa ½ cm dick, in Tamari mariniert
  und mit Pfeffer gewürzt
Öl oder Fett
½ Zwiebel
1 Glas trockener Weißwein
1 EL pikanter Meerrettichsenf
Salz
Pfeffer
nach Wunsch etwas Gemüsebrühe
1 guter Schuss süße Sahne

Zubereitung
Die Tofuschnitten in Öl oder Fett auf beiden Seiten goldgelb braten. Aus der Pfanne nehmen und warm stellen.
Die Zwiebelhälfte sehr fein hacken und in der selben Pfanne, evtl. unter Zugabe von etwas Fett oder Öl, sanft glasig dünsten. Mit dem angewärmten Weißwein ablöschen und bei leichter Hitze kochen, bis die Zwiebel gar ist.
Den Meerrettichsenf hinzufügen, verrühren und die Masse mit dem Stabmixer pürieren oder durch ein Sieb streichen. Mit Salz und Pfeffer würzen.
Einen guten Schuss Sahne hinzufügen und alles mischen. Die Tofuschnitten in die Sauce legen und nochmals richtig warm werden lassen, ohne sie zu kochen.
Die Tofuschnitten schmecken gut zu Vollkornreis.

So kann man Kürbisse auch essen

Zutaten
etwa 400 g Tofu
etwa 800 g Kürbis
1 große rote Paprikaschote
1 Zwiebel
Öl oder Fett
1 gehäufter TL Garam Masala
1 Glas Kokosmilch
5 – 6 getrocknete Datteln oder eine Hand voll Rosinen
Salz
Gemüsebrüheextrakt

Für die Marinade
½ TL Harissa (sehr scharfe Würzpaste aus Nordafrika)
2 – 3 EL geschmacksneutrales Öl
einige Tropfen geröstetes Sesamöl
2 – 3 EL Sojasauce

Zubereitung

Alle Zutaten für die Marinade verquirlen. Den Tofu in mundgerechte Würfel schneiden und einige Stunden in die Marinade legen.

Den Kürbis schälen, »Heu« und Kerne entfernen und den Kürbis in mundgerechte Stücke schneiden.

Die Paprikaschote putzen, entkernen und in etwas kleinere Stücke schneiden.

Die Zwiebel schälen und grob hacken.

Den Tofu aus der Marinade nehmen und in Öl oder Fett sanft anbraten. Aus der Pfanne heben und beiseite stellen.

In der selben Pfanne die Zwiebel leicht Farbe annehmen lassen.

Kürbis- und Paprikastücke hinzufügen und andämpfen. Mit dem Garam Masala bestäuben und kurz anziehen.

Die Kokosmilch und nach Wunsch die übrige Marinade hinzufügen (Vorsicht, das Harissa ist sehr scharf!). Die klein geschnittenen, entsteinten Datteln oder die Rosinen sowie die Tofuwürfel hinzufügen und alles mischen. Leise kochen, bis das Gemüse beinahe gar ist. Mit Salz oder / und Gemüsebrüheextrakt würzen.

Das Gericht fertig garen. Darauf achten, dass das Gemüse nicht zerfällt.

Das Kürbisgericht schmeckt zu Bulgur mit Sonnenblumenkernen sehr lecker.

Ein Touch Asien

Zutaten
pro Person 2 – 3 Scheiben Tofu
pro Person 1 Banane
pro Person 1 Ananasscheibe
pro Person 1 Herzkirsche

Für die Marinade
1 gestrichener EL Gomasio
½ kleinere Zwiebel, fein gehackt
Saft von 1 nicht zu großen Orange
  oder von 2 Mandarinen
1 gehäufter TL Garam Masala (indische Gewürzmischung)
2 – 3 EL geschmacksneutrales Öl, z. B. Sonnenblumenöl
etwas Öl zum Braten der Tofuscheiben

Für die Erdnusssauce
½ Zwiebel
etwas Öl
den Saft von 1 – 2 Orangen (wenn viel Sauce gewünscht
  wird, auch den Saft aus 1 Glas Ananas)
wenig abgeriebene Schale einer unbehandelten Orange
1 Msp Sambal Oelek oder 1 Prise Cayennepfeffer
1 – 2 EL Sojasauce
etwa 80 – 100 g geschälte Erdnüsse
Salz oder gekörnte Gemüsebrühe

Zubereitung

Die Zutaten für die Marinade verrühren. Den Tofu in etwa ¾ cm dicke Scheiben schneiden und einige Stunden marinieren.

Für die Sauce die Zwiebelhälfte ganz fein hacken und in etwas Öl oder Fett auf sehr kleiner Flamme glasig dünsten.

Die Orange auspressen und den Saft (evtl. auch den Ananassaft) sowie die abgeriebene Orangenschale dazugeben. Sambal Oelek oder Cayennepfeffer sowie Sojasauce hinzufügen. Die Erdnüsse fein mahlen und mit der Sauce mischen. Alles bei sanfter Hitze etwas kochen lassen. Auf Wunsch mit dem Stabmixer cremig pürieren. Je nach Konsistenz der Sauce diese etwas einkochen oder mit etwas Saft aufgießen. Zuletzt mit Salz oder gekörnter Gemüsebrühe würzen.

Die Tofuscheiben aus der Marinade heben, in Öl oder Fett goldgelb braten und warm stellen.

Inzwischen pro Person eine Banane schälen und in einer eingeölten Bratpfanne braten. Pro Person eine Ananasscheibe und eine Herzkirsche erwärmen.

Die warm gestellten Tofuscheiben auf einer vorgewärmten Platte anrichten und mit den Früchten garnieren. Die Sauce separat dazu reichen. Mit Trockenreis servieren.

Überbackenes aus dem Ofen

Kunterbunter Eintopf

Zutaten
etwa 300 – 350 g Tofu
Tamari nach Geschmack
100 – 150 g Dinkel oder Weizen
etwa 200 g getrocknete weiße Bohnen
1 kleiner bis mittlerer Weißkohl
etwas Öl
1 große Zwiebel, geschält und in Würfel geschnitten
2 Eier (Eigelb und Eiweiß getrennt)
etwa 100 g Gruyère, gerieben oder fein gewürfelt
2 – 3 Knoblauchzehen, fein geschnitten
Kräutersalz
1 gestr. TL Zimt
1 TL Paprika (edelsüß)
2 große Tomaten,
   geschält, entkernt und in Würfel geschnitten
3 – 4 Mangoldblätter (nur der grüne Teil der Blätter)
nach Wunsch etwas Butter zum Verfeinern

Zubereitung

Den Tofu in mundgerechte Stücke schneiden, mit Tamari beträufeln und etwas ruhen lassen.

Die Dinkel- oder Weizenkörner sowie die getrockneten Bohnen separat einige Stunden in Wasser einlegen, dann knapp weich kochen.

Den Weißkohl waschen, vierteln, in Streifen schneiden und in Öl leicht andämpfen.

Die Tofuwürfel in Öl goldgelb braten. Die geschnittene Zwiebel in Öl glasig dünsten.

Das Eigelb mit dem Käse, der erkalteten Zwiebel, dem Knoblauch sowie mit Salz, Zimt und Paprika mischen. In eine große Schüssel geben und den angedämpften Kohl, die Tomatenwürfel, die Bohnen, den Weizen und die gebratenen Tofuwürfel dazumischen. Wenn nötig noch salzen.

Das Eiweiß zu Schnee schlagen und vorsichtig unter die Masse heben.

Die Gratinform einölen und mit den Mangoldblättern auslegen. Die Masse darauf verteilen und in den vorgeheizten Backofen schieben. Bei schwacher Mittelhitze 50 – 60 Minuten backen. Die erste halbe Stunde das Gericht bedecken (mit Deckel oder Alufolie). Danach die Folie entfernen und das Ganze fertig garen. Vor dem Servieren die Garprobe machen. Das Gericht nach Wunsch mit Butterflocken belegen.

Tofustäbchen
in Paprikaröllchen

Zutaten
300 – 350 g Tofu
3 – 4 rote oder/und gelbe Paprikaschoten
1 große Speisezwiebel

Für die Marinade
Salz
Pizzagewürz
etwas Olivenöl

Zubereitung
Den Tofu in Stäbchen von etwa 2 cm Dicke und 5 – 6 cm Länge schneiden. Mit Salz und Pizzagewürz würzen, mit Olivenöl beträufeln und 2 – 3 Stunden ziehen lassen. Den Tofu aus der Marinade heben. Das übrig gebliebene Gewürzöl kann in diesem Rezept weiter verwendet werden.
Die Paprikaschoten putzen, entkernen und in nicht zu schmale Streifen schneiden. Im Marinadeöl langsam braten, bis sie biegsam sind. Achten Sie darauf, dass sie nicht anbrennen. Die Streifen, sobald sie sich biegen lassen, vorsichtig um die gewürzten Tofustäbchen wickeln. Am besten bindet man die Röllchen mit Küchenbindfaden etwas zu.
Die Röllchen nun in eine mit Marinadeöl bepinselte Ofenform legen und in den vorgeheizten Backofen schieben. Bei sanfter Mittelhitze etwa 10 – 15 Minuten backen.
In der Zwischenzeit die Zwiebel halbieren und in Streifen schneiden. In Öl glasig braten (Marinadeöl verwenden) und auf die eingewickelten Stäbchen verteilen. Noch etwa 10 Minuten im Ofen Farbe annehmen lassen.

Süßkartoffelscheiben mit Tofubelag

Zutaten
Pro Person 2 oder mehr rohe Süßkartoffelscheiben, etwa 1 cm dick
Kräutersalz
etwa 250 g Tofu, fein gerieben
2 TL Dijonsenf
Saft von ½ Zitrone
3 EL Oliven- oder Sonnenblumenöl
ein wenig abgeriebene Schale von einer unbehandelten Zitrone
etwa 100 g Gruyère oder wahlweise Fetakäse, fein geschnitten (mit Gruyère wird die Masse pikant, mit Feta mild)
1 Bund Schnittlauch
einige Blättchen frischer Majoran
1 große Essiggurke, fein gewürfelt
1 rote Paprikaschote, fein gewürfelt
Salz
Pfeffer

Zubereitung
Die Süßkartoffelscheiben leicht mit Kräutersalz salzen.
Alle übrigen Zutaten gut mischen. Mit Salz und Pfeffer würzen und die Masse dick auf die rohen Süßkartoffelscheiben streichen.
Eine Ofenform einölen. Die Scheiben darauf setzen und im vorgeheizten Backofen bei Mittelhitze etwa 20 – 25 Minuten backen. Garprobe bei den Süßkartoffeln machen.
Das Gericht mit verschiedenen Salaten servieren.

Cannelloni mit Tofufüllung

Zutaten
etwa 20 ungekochte Cannelloni

Für die Füllung
etwa 300 g Tofu, fein gerieben
etwa 2 gehäufte Esslöffel Mascarpone oder Frischkäse
30 – 40 g Pistazien, gerieben
1 Knoblauchzehe, gepresst
etwa ¼ rote Paprikaschote, ganz fein geschnitten
1 TL ital. Gewürzmischung oder wahlweise Rosmarin,
  Thymian, Salbei, Oregano
nach Wunsch etwas geriebener Parmesan
Salz
schwarzer Pfeffer, frisch gemahlen
Zwiebelgrün, ganz fein geschnitten
Öl zum Ausstreichen der Ofenform

Für die Sauce
1 nicht zu große Zwiebel, fein geschnitten
Olivenöl zum Andämpfen
1 kg frische Tomaten
Salz
Pfeffer, frisch gemahlen
geriebener Parmesankäse
frisches Basilikumkraut, fein geschnitten
Butterflocken

Zubereitung

Alle Zutaten für die Füllung – außer dem Öl – gut mischen und in die ungekochten Cannelloni füllen.

Für die Sauce die Zwiebel in Olivenöl leicht andämpfen. Die frischen Tomaten kreuzweise einschneiden, in kochendes Wasser legen, herausnehmen, schälen, entkernen und in nicht zu feine Stücke schneiden. Die Tomaten zu den Zwiebeln geben. Die Kräuter mit Ausnahme des Basilikums hinzufügen. (Frischer Basilikum sollte nicht gekocht, sondern erst vor dem Servieren zu dem fast fertigen Gericht gegeben werden.) Die Sauce mit Salz und Pfeffer würzen und einige Minuten leise kochen.

Die Cannelloni in eine leicht eingeölte Gratinform legen und mit der Tomatensauce übergießen. Sie sollten gut von der Sauce bedeckt sein, da sie ja roh sind. Die Ofenform in den vorgeheizten Backofen schieben und bei leichter Mittelhitze etwa 1¼ – 1½ Stunde gratinieren. Um zu verhindern, dass die Cannelloni oben austrocknen, sollte man die Form zuerst abdecken. Etwa 10 Minuten vor Ende der Garzeit den geriebenen Parmesankäse über das Gericht streuen.

Die Cannelloni vor dem Servieren mit fein geschnittenem Basilikum sowie mit Butterflocken belegen.

Gratin aus Süßkartoffeln, Sellerie, Lauch, Mais und Tofu

Zutaten
etwa 300 g Tofu
3 – 4 EL Tamari
1 Sellerieknolle (600 – 700 g)
etwa 600 g Süßkartoffeln
1 Lauch
1 – 2 große Tomaten
Öl oder Butter
Kräutersalz
etwa 200 ml Sahne
1 Naturjoghurt
2 – 3 EL geriebener Käse nach Wunsch
Salz
Pfeffer, frisch gemahlen
etwas geriebene Muskatnuss
1 kleines bis mittleres Glas oder
  1 Tasse frische gekochte Maiskörner

Zubereitung

Den Tofu in Würfel schneiden und mindestens 1 Stunde mit Tamari marinieren.

Die Sellerieknolle schälen, in etwa ½ cm dicke Scheiben schneiden und im Dampf auf einem Einsatz halb gar kochen. Die Süßkartoffeln mit einer Bürste gut reinigen und in Scheiben schneiden. Den Lauch in feine Ringe schneiden. Die Tomaten häuten, entkernen und in feine Würfel schneiden.

Eine Gratinform mit Butter oder Öl ausstreichen und mit den Süßkartoffelscheiben belegen. Mit Kräutersalz leicht salzen. Den Lauch darauf verteilen. Die vorgekochten Selleriescheiben ebenfalls hineinlegen und leicht salzen.

Sahne, Joghurt, geriebenen Käse, Salz, Pfeffer und Muskatnuss mischen.

Die Tofuwürfel und die Maiskörner auf das Gemüse schichten und mit der Sahne-Joghurt-Mischung begießen. Das Gratin in den vorgeheizten Backofen schieben und bei Mittelhitze etwa 45 Minuten backen.

Tofu-Lasagne

Wir bereiten dieses Gericht in kleinen Ton-Ofenformen zu, das heißt, pro Person benötigen wir ein Förmchen.

Zutaten
etwa 400 g Tofu
etwa 50 g getrocknete Spitzmorcheln
Salz
Pfeffer, frisch gemahlen
1 kleine Zwiebel, fein geschnitten
½ Bund Petersilie, fein geschnitten
Öl oder Butter
etwa 14 Walnüsse, gerieben
Salz
etwa 100 ml Sahne
evtl. 1 Schuss Weißwein
etwas Gemüsebrühekonzentrat
nach Belieben 4 kleine Stücke Butter zum Verfeinern

Zubereitung

Den Tofu in zwölf Scheiben schneiden (pro Person drei Scheiben). Die Größe soll auf die Förmchen abgestimmt sein.

Die getrockneten Morcheln waschen und in lauwarmem Wasser etwa 1 Stunde einweichen.

Die Tofuscheiben mit Salz und Pfeffer bestreuen und eine Weile ruhen lassen.

Die fein geschnittene Zwiebel und die Petersilie in etwas Öl oder Butter andünsten.

Die Morcheln leicht ausdrücken, fein schneiden und zu den Zwiebeln geben. Die geriebenen Nüsse darunter mischen. Etwas dünsten lassen und würzen.

Pro Person ein Förmchen mit wenig Öl oder Butter bestreichen und mit je einer Scheibe Tofu belegen. Etwas Morchelmasse darauf streichen. Wieder mit einer Tofuscheibe belegen. Darauf kommt erneut eine Schicht Morchelmasse. Mit einer dritten Tofuscheibe bedecken.

Die Sahne und den Weißwein erwärmen und eventuell mit etwas Gemüsebrühekonzentrat würzen (Vorsicht, die Morchelmasse ist auch gewürzt). Die Sahnemischung in die Tonförmchen gießen. Diese in den vorgeheizten Backofen schieben. Bei leichter Mittelhitze etwa 20 Minuten schmoren lassen.

Ganz zum Schluss den Backofen möglichst auf Grillstufe schalten. Die oberste Tofuscheibe nach Wunsch mit einem Butterflöckchen belegen und die Scheibe leicht bräunen.

Vier-Farben-Pastete

Zutaten
etwa 300 g Tofu
etwas Tamari
Öl
1 große Karotte
etwa 400 g Brokkoli
etwa 100 ml Sahne
1 Eiweiß
Salz
etwas schwarzer Pfeffer, frisch gemahlen

Für die Polenta
600 ml Wasser
½ TL Salz
150 g Maisgries

Zubereitung

Den Tofu in Scheiben schneiden (die Scheiben sollten in der Backform in einer Lage Platz finden), mit Tamari beträufeln und eine Weile ziehen lassen.

Für die Polenta das Wasser mit dem Salz zum Kochen bringen. Den Maisgries einrühren und etwa 30 Minuten köcheln lassen. Hin und wieder umrühren.

Wenn die Polenta gar ist, eine Kastenform (Brotbackform, etwa 30 cm lang) mit Öl einpinseln. Die Polenta hineingeben. Gleichmäßig festdrücken und schön glatt streichen.

Die Karotte putzen, in sehr dünne Längsscheiben schneiden, leicht blanchieren und dicht auf die Polentamasse legen.

Die marinierten Tofuscheiben als dritte Schicht dicht auf die Karotten legen.

Den Brokkoli putzen (wenn nötig die Strünke schälen) und die Stücke im Dampf garen, bis sie weich sind. Den Brokkoli im Mixer mit Sahne, Eiweiß, Salz und Pfeffer fein pürieren. Das Püree als letzte Schicht auf der Pastete gleichmäßig verteilen.

Die Kastenform in den vorgeheizten Backofen schieben und bei schwacher Mittelhitze etwa 45 – 50 Minuten garen. Aus dem Ofen nehmen und etwas auskühlen lassen. Die Ränder mit einem Messer lösen und die Pastete vorsichtig auf eine Platte stürzen. Wenn sie nicht mehr sehr heiß ist, lässt sie sich gut in Scheiben schneiden. Sie sieht schön aus und schmeckt hervorragend!

Überbackene Mangoldstiele

Zutaten
etwa 500 g Mangoldstiele
Butter oder Öl zum Einfetten der Ofenform
etwa 150 ml Sahne, Crème fraîche oder Joghurt
1 – 2 EL Zitronensaft
eine Msp abgeriebene Schale von einer unbehandelten Zitrone
weißer Pfeffer, frisch gemahlen
1 Msp Muskat, gerieben
Salz oder Gewürzsalz
etwa 100 g Gruyère, grob gerieben
150 g Tofu, grob gerieben
evtl. Butterflöckchen

Zubereitung

Vom Mangold das Kraut entfernen (es kann wie Spinat gekocht werden). Die Mangoldstiele in 1 bis 1½ cm große Stücke schneiden und im Dampf vorkochen. (Sie können auch roh verwendet werden, jedoch verlängert sich dann die Garzeit im Ofen beträchtlich.) Die vorgekochten Mangoldstiele in eine eingeölte Ofenform geben.

Sahne oder Joghurt mit Zitronensaft, Zitronenschale, Pfeffer, Muskat und Salz gut mischen und über die Mangoldstücke gießen. Die Form in den heißen Backofen schieben und etwa 20 – 25 Minuten bei Mittelhitze garen.

Den geriebenen Käse mit dem geriebenen Tofu mischen. Mit reichlich frisch gemahlenem Pfeffer würzen und wenn nötig noch etwas salzen. Die Mischung auf das fast fertige Gericht streuen.

Den Backofen auf Grillstufe schalten und die Tofu-Mischung einige Minuten lang Farbe annehmen lassen (Vorsicht, dass sie nicht verbrennt!).

Vor dem Servieren nach Wunsch noch mit Butterflocken belegen.

Gefüllter Spaghettikürbis

Zutaten
1 großer Spaghettikürbis

Für die Füllung
1 große rote oder gelbe Paprika, in etwa 1 cm große Stücke geschnitten
1 Tomate, gehäutet, entkernt und klein geschnitten
etwa 200 g Tofu, in feine Würfel geschnitten
etwa 2 Knoblauchzehen, gehackt
1 TL Rosmarin, fein geschnitten
1 TL Fenchelkraut, fein geschnitten
Salz
Pfeffer, frisch gemahlen
etwas Olivenöl
Butterflöckchen nach Wunsch

Zubereitung

Den Kürbis in etwa 3 cm dicke Scheiben schneiden. Samen und Fasern entfernen und die Scheiben im Dampfkörbchen etwa 20 Minuten dämpfen. Leicht auskühlen lassen und das Kürbisfleisch mit einer Gabel vorsichtig lockern.
Alle Zutaten für die Füllung außer den Butterflöckchen mischen.
Die »Spaghetti« in den Kürbisscheiben leicht salzen und die Füllung darauf häufen. Mit einer Gabel vorsichtig unter die Spaghetti ziehen.
Eine Ofenform einölen. Die Scheiben hineinsetzen und das Gericht in den vorgeheizten Backofen schieben (Mittelhitze). Etwa 30 Minuten backen. Wenn die Paprikastücke gar sind, die Scheiben mit Butterflocken belegen.

Tofuschälchen mit Pilzmousse

Zutaten
etwa 500 – 600 g Tofu

Für die Marinade
Saft von einer großen Zitrone
abgeriebene Schale von
   einer halben unbehandelten Zitrone
Salz
Thymian, fein gezupft
reichlich weißer Pfeffer, frisch gemahlen
einige EL Öl

Für die Mousse
½ mittlere Zwiebel, fein geschnitten
Butter oder Öl zum Dämpfen
etwa 300 - 400 g Austern- oder
   andere frische Pilze, geputzt
2 TL Maisstärke
etwa 100 ml Milch
Salz oder Gewürzsalz
weißer Pfeffer, frisch gemahlen
1 großes Ei
etwas Sahne
Fett oder Öl
etwas Petersilie, fein geschnitten

Zubereitung
Die Zutaten für die Marinade sämig rühren. Den Tofu in Rechtecke von etwa 10 cm Seitenlänge und 3 – 3½ cm Di-

cke schneiden. Die Stücke mit dem Apfelausstecher aushöhlen. Dazu die auszustechende Form zuerst mit einem Messer einkerben. Darauf achten, dass noch genügend »Wand« und »Boden« bleiben, damit die Mousse nicht ausfließen kann. Die nun entstandenen Schälchen mit der Marinade übergießen und einige Stunden darin belassen. Von Zeit zu Zeit beträufeln.

Für die Mousse die fein geschnittene Zwiebel in Butter oder Öl glasig dämpfen.

Die geputzten Pilze in Stücke schneiden und hinzufügen. Sanft kochen, bis die Pilze gar sind. Wenn nötig etwas Flüssigkeit angießen.

Die Maisstärke in der kalten Milch anrühren, zu den Pilzen geben und aufkochen lassen. Mit Salz und Pfeffer würzen und in der Küchenmaschine oder mit dem Handmixer pürieren. Das Ei und die Sahne hinzufügen und untermischen.

Die Marinade aus den Tofuschälchen entfernen und die Schälchen mit der Mousse füllen.

Eine Gratinform mit der Marinade bestreichen und die Schälchen hineinsetzen. Im vorgeheizten Backofen bei sanfter Hitze etwa 15 Minuten garen.

Sollte noch Mousse übrig sein, nach dieser Zeit das Öl aus der Ofenform schöpfen und die Zwischenräume zwischen den Schälchen mit der Mousse ausfüllen. Die Form nochmals in den Backofen schieben und das Ganze weitergaren, bis die restliche Mousse gestockt ist.

Vor dem Servieren nach Belieben mit wenig fein gehackter Petersilie bestreuen.

Das Gericht passt sehr gut zu Rotkohl und Süßkartoffeln.

Tipp: Die Schälchen können nach Wunsch auch mit Mousse aus anderem Gemüse gefüllt werden.

Tomaten gefüllt
mit Tofu-Basilikum-Soufflé

Zutaten
Pro Person 1 – 2 Tomaten, je nach Größe

Für die Füllung
etwa 300 g Tofu, fein gerieben oder in Stücke geschnitten
2 Eigelb
etwa 150 ml Sahne
1 El Basilikum, fein geschnitten
1 EL geriebener Parmesankäse nach Belieben
Salz
1 Zwiebel geschält und fein geschnitten
2 Eiweiß, steif geschlagen
etwas Butter oder Öl zum Ausstreichen der Ofenform

Zubereitung

Die Tomaten aushöhlen und innen etwas salzen.

Den Tofu mit dem Eigelb und der Sahne im Mixer oder mit dem Stabmixer fein pürieren.

Das Basilikum waschen, trocken tupfen und fein zerzupfen oder mit einer Schere fein schneiden und zur Masse geben. Nach Wunsch den geriebenen Parmesan hinzufügen. Wenn nötig noch etwas salzen.

Die Tomaten mit der Höhlung nach unten auf eine Platte legen, damit der Saft, der sich angesammelt hat, ausläuft. Dann in die Höhlung jeder Tomate etwas geschnittene Zwiebel legen.

Den Eischnee mit einem Teigschaber vorsichtig unter die Tofumasse heben und die Tomaten damit reichlich füllen. Sie dürfen eine schöne Haube aufweisen.

Eine Ofenform mit Butter bestreichen oder einölen. Die gefüllten Tomaten vorsichtig hineinsetzen und die Form in den vorgeheizten Backofen (schwache Mittelhitze) schieben. Etwa 30 – 40 Minuten, je nach Größe der Tomaten, backen.

Tipp: Das ausgehöhlte »Tomatenfleisch« von den Kernen befreien und zu Suppe oder Tomatensauce weiterverarbeiten.

Gefüllte Champignons

Zutaten
pro Person 4 – 5 große Champignons
1 große Gemüsezwiebel
1 – 2 Knoblauchzehen
2 – 3 Petersilienstängel
1 TL grüne Pfefferkörner
Fett oder Öl
etwas Salz
1 Gläschen trockener Weißwein

Für die Füllung
etwa 200 g Tofu, fein gerieben
50 – 75 g Crème fraîche
1 EL ungerösteter Sesam oder Gomasio
2 – 3 EL Zitronensaft
abgeriebene Schale von
   einer halben unbehandelten Zitrone
Salz
weißer Pfeffer, frisch gemahlen

Zubereitung

Die Zutaten für die Füllung mit dem Stabmixer fein pürieren.

Die Champignons putzen und die Stiele herausdrehen. Die Champignons beiseite legen. In die Champignonhauben die Füllung häufen. Eventuell die Lamellen ganz wenig salzen.

Inzwischen eine große Gemüsezwiebel in Halbmonde schneiden. 1 – 2 Knoblauchzehen fein hacken oder durchpressen. 2 – 3 Petersilienstängel fein schneiden, am besten mit der Schere.

Die Stiele der Champignons in Scheiben schneiden, die grünen Pfefferkörner hacken.

Die Zwiebelringe in Fett oder Öl langsam und schonend andämpfen. Dann den Knoblauch, die Petersilie, die Champignonscheibchen, die grünen Pfefferkörner, das Salz und den angewärmten Weißwein hinzufügen und mischen.

Eine Ofenform leicht mit Butter oder Öl ausstreichen und die Gemüsemasse darin verteilen.

Die gefüllten Champignons auf das Gemüsebett setzen und in den vorgeheizten Backofen schieben. Bei sehr schwacher Mittelhitze etwa 30 Minuten dämpfen. Zum Schluss auf Grill umschalten und das Gericht leicht Farbe annehmen lassen.

Tipp: Statt des Weißweins können Sie die Pilzmischung auch mit Gemüsebrühe oder Wasser angießen.

Mangold-Pakete »Heidi«

Zutaten
etwa 12 große Mangoldblätter

Für die Füllung
50 g Butter
400 g Tofu, gerieben
1 Hand voll kernlose Rosinen
1 Hand voll Sonnenblumenkerne
1 EL Zitronensaft
2 – 3 EL Kokosraspeln
1 Eigelb
2 TL Madras-Curry
½ TL Kurkuma
½ TL Zimt
Salz
1 Eiweiß
1 mittelgroßer Lauch, in Streifen geschnitten
1 Tasse kräftige Gemüsebrühe
etwas Muskatnuss
100 ml Sahne
Butterflocken nach Belieben

Zubereitung

Die Mangoldblätter (am besten mit einer Schere) vorsichtig vom Stiel schneiden, waschen und im Dampf leicht blanchieren. Achten Sie darauf, dass die Blätter möglichst unverletzt bleiben. Die Stiele der Mangoldblätter in etwa ½ cm breite Streifen schneiden und im Dampfkörbchen leicht blanchieren.

Die Butter schmelzen, aber nicht zu stark erhitzen. Alle Zutaten für die Füllung bis einschließlich Salz mischen. Das Eiweiß zu Schnee schlagen und vorsichtig unterheben.

Je ein Mangoldblatt mit der Füllung belegen. Die Seiten einschlagen, Päckchen formen und diese in eine bebutterte Ofenform legen.

Die geschnittenen Stiele und die Lauchringe um die Pakete verteilen.

Die Gemüsebrühe mit der geriebenen Muskatnuss und der Sahne mischen und um die Päckchen gießen.

Die Form in den vorgeheizten Backofen schieben und bei mittlerer Hitze etwa 40 – 45 Minuten garen. Die Form in den ersten 30 Minuten bedecken. Dann die Abdeckung entfernen und noch etwa 15 Minuten fertig garen (Garprobe machen). Nach Belieben einige Butterflocken auf dem Gericht verteilen. Unter Umständen während des Backens Flüssigkeit nachgießen.

Gefüllte Ofenkartoffeln

Zutaten

100 g Tofu, in ganz feine Würfel geschnitten
1 EL gemahlene Mandeln
3 EL Sonnenblumen- oder Olivenöl
1 kleiner Zweig Rosmarin, waschen, trocknen und Nadeln fein schneiden
Gewürzsalz
schwarzer Pfeffer, frisch gemahlen
1 Möhre
etwa 100 g Kürbis
etwa 75 g frische oder tiefgekühlte Erbsen
1 – 2 Knoblauchzehen, gepresst
4 große Kartoffeln
etwas Butter oder Öl
etwa 1 Tasse Gemüsebrühe

Zubereitung

Den Tofu, die Mandeln, das Öl, den Rosmarin sowie Salz und Pfeffer mischen und etwas ruhen lassen.

Die Möhre und den Kürbis fein würfeln. Erbsen und Knoblauch hinzufügen (dieses Gemüse sollte etwa 250 g ausmachen). Das Gemüse mit der Tofu-Mandelmasse mischen und eventuell nachwürzen.

Die Kartoffeln sauber waschen und halbieren. Mit dem Apfelausstecher bis auf etwa 1 – 1½ cm »Wandstärke« aushöhlen, innen leicht salzen und mit der Mischung füllen

Die Kartoffelhälften in eine mit Öl oder Butter ausgestrichene Auflaufform mit Deckel setzen. Die Hälfte der Gemüsebrühe angießen und das Gericht 1 Stunde lang garen. Die Flüssigkeit kontrollieren und bei Bedarf nachgießen. (Die Garzeit hängt von der Größe der Kartoffeln und auch von der jeweiligen Sorte ab; Garprobe machen.)

Tipp: Mit verschiedenen Salaten servieren. Die Kartoffelreste lassen sich gut zu einer Kartoffelsuppe weiterverarbeiten.

Okara-Couscous-Auflauf

Zutaten
3 Tassen Okara
1 Tasse gekochter Couscous
1 große Möhre, in feine Würfel oder Streifen geschnitten
1 Stück Selleriewurzel, in feine Würfel oder Streifen geschnitten
1 rote oder gelbe Paprikaschote, fein geschnitten
½ Bund Petersilie, fein gehackt
1 Bund Schnittlauch oder ½ Zwiebel, fein gehackt
Salz
Pfeffer, frisch gemahlen
1 Msp Muskatnuss gerieben
½ EL Currypulver
2 Eier (Eigelb und Eiweiß getrennt)
etwas Sahne
250 g Quark
etwa 100 g Gruyère, fein gerieben
wenig Öl zum Einfetten der Auflaufform

Zubereitung

Das Okara mit dem Couscous in einer Schüssel mischen. Das fein geschnittene Gemüse, Petersilie, Schnittlauch oder Zwiebel zur Mischung geben und die Gewürze ebenfalls hinzufügen.

Das Eigelb mit Sahne und Quark vermengen. Den Käse dazugeben und alles gut verrühren. Das Ganze unter die Okara-Couscous-Gemüse-Mischung ziehen.

Das steif geschlagene Eiweiß vorsichtig unter die Masse heben. Eine Auflaufform einölen und den Auflauf in den vorgeheizten Backofen schieben (sanfte Mittelhitze) und 45 – 50 Minuten lang backen.

Tipp: Der Couscous kann auch durch Reis oder Hirse ersetzt werden.

Spargelsoufflé

Zutaten
etwa 500 g roher grüner oder weißer Spargel
3 – 4 Eier (Eigelb und Eiweiß getrennt)
100 ml Sahne
Salz
weißer Pfeffer, frisch gemahlen
etwa 250 g Tofu
2 gestrichene EL Maisstärke
etwas Butter

Zubereitung
Den Spargel putzen, waschen, in Stücke schneiden und in den Mixer geben.
Eigelb, Sahne, Salz, Pfeffer und den in Stücke geschnittenen Tofu hinzufügen und alles fein pürieren. Die Maisstärke darüber streuen und erneut mixen.
Das Eiweiß mit einer Prise Salz zu sehr steifem Schnee schlagen.
Die Spargel-Tofumasse in eine große Schüssel geben und den Eischnee mit einem Gummispatel vorsichtig unterziehen.
Den Boden einer Souffléform einfetten (wenn Sie auch die Wände der Form einfetten, rutscht das Soufflé beim »Klettern« ab) und die Masse einfüllen. Die Form in den 175° C heißen Backofen schieben (unterste Rille) und 45 – 50 Minuten backen. Den Backofen während des Backens nicht öffnen. Nach Wunsch das fertige, noch heiße Soufflé mit etwas zerlassener Butter beträufeln.

Pikante Backwaren

Bananen im Blätterteig mit Räuchertofu-Einlage

Zutaten
pro Person 1 – 2 Bananen, je nach deren Größe
etwa 250 g Räuchertofu
Salz
etwas Cayennepfeffer
pikanter Meerrettichsenf oder milder Senf,
  je nach Vorliebe
etwa 150 g Vollkornblätterteig
evtl. 1 Eigelb, verquirlt

Zubereitung
Die Bananen schälen und längs halbieren.
Den Tofu in etwa 5 mm dicke und ungefähr gleich große Streifen wie die Bananen schneiden. Die eine Seite der Tofuscheibe leicht salzen und nach Wunsch mit etwas Cayennepfeffer würzen. Auf eine Bananenhälfte legen. Die obere Seite des Tofustreifens reichlich mit Senf bestreichen. Mit der zweiten Bananenhälfte abdecken.
Den Blätterteig auswalken und daraus für jede Banane einen etwa 3 cm breiten und etwa 20 cm langen Streifen schneiden. Die Bananen damit umwickeln, so dass sie zusammenhalten. Den Blätterteig nach Wunsch mit dem verquirlten Eigelb bestreichen.
Ein Backblech mit Backpapier belegen. Die Bananen darauf verteilen und in den vorgeheizten Backofen schieben. Bei Mittelhitze etwa 20 Minuten backen.

Tofu-Käse-Gemüse-Kuchen

Zutaten

etwa 200 g Tofu, in Würfel von etwa 1 cm geschnitten
100 – 150 g Gruyère, gerieben
1 mittelgroßer Lauch, in Ringe geschnitten
2 Möhren, grob gerieben
Salz
frisch gemahlener weißer Pfeffer
½ TL Kreuzkümmel
etwas Muskatnuss, gerieben
1 gehäufter EL Vollkornweizen- oder Reismehl
3 Eier (Eigelb und Eiweiß getrennt)
100 ml Sahne oder Joghurt
Vollkornblätterteig für eine Kuchenform
   (Durchmesser 25 – 28 cm)

Zubereitung

In einer großen Schüssel die Tofuwürfel und den geriebenen Käse mischen. Lauchringe und geriebene Möhren hinzufügen. Mit Salz, Pfeffer, Kreuzkümmel, Muskatnuss und Mehl gut vermengen. Das Eigelb mit Sahne oder Joghurt vermischen und unter die Mischung ziehen. Das Eiweiß zu Schnee schlagen und zum Schluss leicht unter die Tofu-Gemüse-Mischung heben.

Den Blätterteig auswalken. Die Kuchenform damit belegen, einstechen und die Mischung darauf verteilen.

Den Kuchen in den vorgeheizten, sehr heißen Backofen schieben. Nach etwa 10 Minuten auf mittlere Hitze reduzieren und den Kuchen noch etwa 45 – 50 Minuten backen.

Tofu-Pizza

Zutaten
etwa 300 g Tofu, in feine Scheiben geschnitten
1 große Zwiebel, in feine Ringe geschnitten
etwas Olivenöl
3 – 4 rote und gelbe Paprika
3 – 4 Knoblauchzehen, fein geschnitten
Salz
vorgebackener Pizzaboden oder entsprechend Brotteig
6 – 7 Tomatenscheiben
6 – 7 Basilikumblätter
6 – 7 Scheiben Käse

Für die Marinade
4 – 5 EL Olivenöl
Saft von ½ Zitrone
1 TL ital. Kräutermischung
Salz
schwarzer Pfeffer, frisch gemahlen

Zubereitung

Die Marinade bereiten und die Tofuscheiben 3 – 4 Stunden darin einlegen.

Die Zwiebelringe in Olivenöl andämpfen. Die Paprikaschoten waschen, entkernen und in Stücke schneiden. Die Paprikastücke mit dem Knoblauch zu den Zwiebeln geben und mitdünsten. Wenn das Gemüse zusammengefallen ist, den Topf vom Feuer ziehen und das Ganze etwas salzen.

Den Brotteig oder den Pizzaboden in eine Ofenform legen. Den Teig mit einer Gabel einstechen und mit den marinierten Tofuscheiben belegen. Die Zwiebel-Paprika-Mischung darauf verteilen.

Zuletzt die Tomatenscheiben auf die Pizza legen. Je ein Blatt Basilikum und 1 Käsescheibe auf die Tomaten geben. Das Ganze im vorgeheizten Backofen bei Mittelhitze 35 – 40 Minuten backen.

Blätterteigtaschen mit Tofu-Pilz-Füllung

Zutaten
1 mittelgroße Zwiebel
½ Bund Petersilie
Butter oder Öl zum Andämpfen
350 – 400 g frische Austernpilze oder andere Pilze
etwa 200 g Tofu, grob gerieben
Salz
Cayennepfeffer
2 EL Sonnenblumenkerne
3 – 4 Knoblauchzehen, gepresst oder fein gehackt
etwas abgeriebene Schale von einer unbehandelten Zitrone
1 Bund Schnittlauch
350 – 400 g Vollkornblätterteig
1 Eigelb, mit einem Löffel Milch verquirlt

Zubereitung

Die Zwiebel und die Petersilie fein schneiden und in Butter oder Öl leicht andämpfen.

Die Pilze putzen, in Streifen schneiden und zur Zwiebel-Petersilien-Mischung geben. Köcheln lassen, bis die gesamte Flüssigkeit verdampft ist.

Den Tofu zu den Pilzen geben und mit Salz und Cayennepfeffer würzen. Die Sonnenblumenkerne, die Knoblauchzehen, die Zitronenschale und den Schnittlauch hinzufügen und alles gut mischen.

Den Blätterteig auswalken und in Rechtecke schneiden (je nach der gewünschten Größe der Taschen). Die eine Hälfte der Rechtecke mit der Füllung belegen (Ränder frei lassen und anfeuchten). Den freien Teil des Teigstückes über die Füllung klappen. Die Ränder gut festdrücken. Die Taschen mit einer Gabel einstechen und auf ein mit Backpapier ausgelegtes Backblech legen. Mit der Milch-Eigelb-Mischung vorsichtig bepinseln und im vorgeheizten Backofen etwa 10 Minuten bei starker Hitze anbacken. Dann die Temperatur auf Mittelhitze reduzieren und die Taschen noch etwa 20 Minuten fertig backen.

Windbeutel mit Tofu-Avocadofüllung

Zutaten

Für den Teig
250 ml Milch und Wasser, je zur Hälfte
1 Prise Salz
50 g Butter oder Margarine
150 g Vollkornweizenmehl, gesiebt
3 – 4 Eier, je nach Größe

Für die Füllung
1 große Avocado
etwa 150 g Tofu, fein gerieben
1 Hand voll Pistazien, gehackt
1 mittelgroße Essiggurke, fein geschnitten
2 TL Kapern
einige entsteinte Oliven, fein geschnitten
die Blättchen von einem Zweig Thymian
1 Bund Schnittlauch, fein geschnitten
3 – 4 Petersilienzweige, fein geschnitten
einige Tropfen Zitronensaft
Salz
weißer Pfeffer, frisch gemahlen
einige EL Sahne oder Crème fraîche

Zubereitung des Teiges

Das Milchwasser mit dem Salz aufkochen. Die Butter darin schmelzen, das gesiebte Mehl auf einmal hinzufügen und so lange rühren, bis ein Kloß entsteht. Vom Feuer nehmen und die Eier nacheinander kräftig unter den Teig klopfen.
Den Teig in einen Spritzbeutel füllen und nuss- bis pflaumengroße Häufchen auf ein mit einem Backpapier ausgelegtes Backblech setzen. Die Windbeutel bei Mittelhitze etwa 20 – 25 Minuten backen. **Während des Backens die Ofentür nicht öffnen!**
Die Windbeutel auskühlen lassen, mit einer Schere aufschneiden und die Füllung hineingeben.

Zubereitung der Füllung

Die Avocado schälen und das Fruchtfleisch mit einer Gabel gut zerdrücken.
Alle Zutaten gut mischen und wie beschrieben in die Windbeutel füllen.
Diese würzige Masse kann auch zum Füllen von Baguettes (als Picknickbrote) verwendet werden. Dazu diese etwas aushöhlen und dann füllen. Die Füllung sollte dann aber fest sein und deshalb keine Sahne enthalten.

Okara-Fladenbrot

Zutaten
3 Tassen Okara
3 – 4 gehäufte Esslöffel Maisgries
2 Eier
etwa 100 ml Sahne oder Joghurt
1 Bund Petersilie, fein geschnitten
1 Bund Schnittlauch, fein geschnitten
2 – 3 Knoblauchzehen, gepresst
etwa 100 g Gruyère, gerieben
Salz
Pfeffer
1 gestrichenen TL Koriandersamen, im Mörser zerstoßen, oder ¼ TL Korianderpulver
etwa 30 g Butter, in Scheiben geschnitten (gleiche Anzahl wie Fladenbrotstücke)
Tomatenscheiben oder in Öl eingelegte getrocknete Tomaten
Butter oder Öl zum Einfetten der Backform

Zubereitung

Alle Zutaten bis einschließlich Koriander gut vermengen.
Die Masse in eine mit einem Backpapier ausgelegte Springform drücken und dabei darauf achten, dass der Fladen überall gleich dick ist. Mit einem Messerrücken die gewünschte Anzahl Stücke einritzen, damit sie sich nach dem Backen besser schneiden lassen. Etwa 30 Minuten bei Mittelhitze backen (Ofen vorheizen).
Nach Ablauf dieser Zeit auf jedes der markierten Stücke eine Portion Butter legen und das Brot noch 10 – 15 Minuten weiter backen.
Kurz vor Ende der Backzeit auf jedes Stück 1 Tomatenscheibe legen oder nach Ende der Backzeit auf das sehr heiße Fladenbrot auf jede Scheibe ein Stück in Öl eingelegte getrocknete Tomaten geben.
Mit verschiedenen Salaten servieren.

Tofu mit Kürbis im Blätterteig

Pro Person 2 »Pakete«

Zutaten
etwa 350 g Tofu
8 Scheiben Kürbis
Salz
etwa 350 g Vollkornblätterteig
1 Eigelb, mit 1 EL Milch verquirlt

Für die Gewürzmischung
1 TL Kreuzkümmel (Kumin)
1 gehäufter TL Senfkörner
2 EL Sonnenblumen- oder Sesamöl
1 TL Kurkuma
1/3 TL Kardamom
1 Prise Cayennepfeffer
Salz

Zubereitung

Für die Gewürzmischung den Kreuzkümmel und die Senfkörner im Öl erhitzen, bis der Senfsamen platzt. Dann die übrigen Gewürze hinzufügen und mischen. Den Tofu in acht gleich große und gleich dicke Scheiben schneiden. Die Gewürzmischung vom Feuer nehmen und noch gut warm über den Tofuscheiben verteilen. Ruhen lassen.

Die Kürbisscheiben entsprechend den Tofuscheiben zurechtschneiden (sie dürfen etwas dicker sein als der Tofu) und mit Salz bestreuen.

Den Blätterteig auf einer bemehlten Fläche auswalken. Die Stücke so schneiden, dass Tofu und Kürbis damit verpackt werden können.

Auf jedes Blätterteigstück eine Kürbis- und darauf eine Tofuscheibe setzen. Etwas Gewürzmischung auf den Tofu geben. Den Teig von allen Seiten überschlagen; die Teigränder sollen angefeuchtet sein, damit sie kleben. Achten Sie darauf, dass oben der Teig nicht zu dick liegt.

Die »Pakete« mit einer Gabel ein- bis zweimal leicht einstechen, mit der Eigelb-Milch-Mischung bepinseln und in den vorgeheizten, sehr heißen Backofen schieben. Nach etwa 5 Minuten die Hitze auf Mittelhitze reduzieren und das Gericht in etwa 25 Minuten fertig backen.

Käsewähe

Zutaten

Für den Teig
etwa 250 g Weizenvollkornmehl
1 TL Salz
1 geh. TL Backpulver
etwa 1½ Becher Naturjoghurt
2 – 3 EL Öl
(oder etwa 250 g Blätterteig oder Quarkölteig)

Für die Wähe
2 mittelgroße Äpfel
etwa 150 g Gruyère, gerieben
etwa 200 g Räuchertofu, in feine Würfel geschnitten
1 große oder 2 kleinere Möhren, in feine Würfel geschnitten
1 Stück Lauch, in Ringe geschnitten
1 mittelgroße Zwiebel, fein gehackt
2 Eier
150 – 200 ml Sahne oder Crème fraîche
schwarzer Pfeffer, frisch gemahlen
wenn nötig etwas Salz

Zubereitung

Mehl, Salz, Backpulver, Joghurt und Öl mischen und schnell zu einem geschmeidigen Teig verkneten. Eine Backform von etwa 26 cm Durchmesser mit Backpapier auskleiden. Mit dem ausgewalkten Teig belegen. Kühl stellen.

Die Äpfel schälen, das Kerngehäuse entfernen und die Äpfel in etwa 2 mm dicke Scheiben schneiden.

Den Gruyère mit den Tofu- und Möhrenwürfeln, dem Lauch, der Zwiebel, den Eiern und der Sahne gut mischen. Mit Pfeffer und eventuell etwas Salz würzen.

Den Teig mit einer Gabel einstechen und mit den Apfelscheiben belegen.

Die Käse-Gemüsemasse gleichmäßig auf dem mit den Apfelscheiben belegten Teigboden verteilen.

Die Backform in den auf 175° C vorgeheizten Backofen schieben und die Wähe etwa 45 Minuten backen.

Rauten aus Tofupaste

Zutaten
400 – 500 g Tofu, fein gerieben
2 Eigelb
2 – 3 EL Sesamöl
1 gehäufter EL Gomasio
1 Bund Schnittlauch, fein geschnitten
1 Stück Ingwerwurzel, ganz klein geschnitten
2 – 3 Knoblauchzehen,
  sehr fein geschnitten oder durchgepresst
Salz
etwas Öl oder Fett zum Ausstreichen der Ofenform
evtl. einige rohe gelbe oder rote Paprikaschotenstreifen
etwas frische Butter nach Wunsch

Zubereitung

Den Tofu mit dem Eigelb, dem Sesamöl, dem Gomasio, dem Schnittlauch, der Ingwerwurzel sowie dem Knoblauch gut vermengen und salzen.

Eine quadratische oder rechteckige Ofenform mit etwas Öl oder Butter ausstreichen. Die Tofupaste in der Form verteilen und glatt streichen. Mit einem Messerrücken Rauten oder nach Wunsch Quadrate markieren.

(Variante: Die Ofenform zuerst mit Streifen aus rohen, gelben oder roten Paprikaschoten auslegen.)

Die Form in den vorgeheizten Backofen (schwache Mittelhitze) schieben und etwa 15 – 20 Minuten backen. Dann nach Wunsch etwas Butterflocken darauf verteilen. Den Backofen auf Grillstufe schalten und die Paste noch ganz leicht bräunen.

Mit verschiedenen Gemüsesorten oder Salaten servieren. Die Rauten lassen sich gut vorbereiten und schmecken auch kalt.

Süße Backwaren

Süße Okara-Plätzchen

Zutaten
etwa 400 g Okara
1 große Karotte, fein gerieben
abgeriebene Schale von 1 großen unbehandelten Zitrone
etwa 200 g Reismehl
etwa 150 g Sultaninen
150 g gemahlene Mandeln
1 gehäufter TL Garam Masala (indische Gewürzmischung)
2 Eier (Eigelb und Eiweiß getrennt)
Saft von einer großen Zitrone
1 Prise Salz
etwa 200 g Vollrohrzucker

Zubereitung

Das Okara, die geriebene Karotte, die abgeriebene Zitronenschale, das Reismehl, die Sultaninen, die geriebenen Mandeln und das Garam Masala gut mischen.

Das Eigelb mit Zitronensaft, der Prise Salz und dem Zucker schaumig rühren und mit dem Okara mischen.

Das Eiweiß zu Schnee schlagen und vorsichtig unter den Teig heben.

Mit einem Esslöffel Teighäufchen auf ein mit einem Backpapier ausgelegtes Backblech setzen, in den vorgeheizten Backofen schieben und etwa 25 Minuten bei Mittelhitze backen. Dann die Hitze drosseln und je nach Größe der Plätzchen nochmals etwa 10 Minuten backen. Mit einer Nadel Garprobe machen.

Wichtig

Die Plätzchen sind zum baldigen Verbrauch bestimmt, da Okara nicht haltbar ist.

Salate

Kartoffelsalat einmal anders

Zutaten
etwa 500 g Pellkartoffeln,
  frisch gekocht und noch leicht warm
etwa 200 g Räuchertofu
1 Stücke Sellerieknolle
1 große Tomate (feste Sorte)
½ Zwiebel
Mayonnaise

Für die Mayonnaise
1 mittelgroße Tasse Sojamilch
etwas Senf
Salz
Pfeffer
1 Schuss Essig oder Zitronensaft
1 etwas größere Tasse Sonnenblumenöl
  (Verhältnis Sojamilch zu Öl etwa 3 : 4)

Zubereitung

Zur Herstellung der Mayonnaise Sojamilch, Senf, Salz und Pfeffer sowie Essig oder Zitronensaft in einen für den Stabmixer vorgesehenen Behälter geben und langsam das Öl dazu träufeln lassen (Stabmixer auf mittlere Stufe stellen). Sobald die gewünschte Menge erreicht ist, die Mayonnaise eventuell noch abschmecken.

Die Pellkartoffeln schälen und in Würfel oder Scheiben schneiden, je nach Vorliebe.

Den Räuchertofu in ziemlich feine Würfel schneiden.

Die Sellerieknolle putzen und in sehr feine Würfel bzw. den Stangensellerie in feine Streifen schneiden.

Die Tomate und die Zwiebel ebenfalls in sehr feine Würfel schneiden.

Zum Schluss alle Zutaten für den Salat mit der Sojamayonnaise mischen. Gegebenenfalls noch abschmecken.

Salat aus Bulgur und Tofu

Zutaten
½ Zwiebel
1 große Tomate
1 geschälte Orange
etwa 150 g Tofu oder Räuchertofu
1 Tasse Bulgur
2 – 2½ Tassen leichte Gemüsebrühe
etwa ½ Tasse ganz kleine, zarte rohe Brokkoli- oder Blumenkohlröschen

Zutaten für die Salatsauce
etwas Zitronensaft
Salz
Pfeffer
Olivenöl
etwa1 EL fein gehackte frische Pfefferminzblätter

Zubereitung
Die Zwiebel, die Tomate, die Orange und den Tofu in ungefähr gleich große Würfel schneiden.
Den Bulgur in der Gemüsebrühe kochen und leicht auskühlen lassen.
Aus Zitronensaft, Salz , Pfeffer und Olivenöl eine sämige Salatsauce rühren. Die Pfefferminzblätter hinzufügen und mit der Sauce vermischen.
Den Bulgur zusammen mit den Zwiebel-, Tomaten-, Orangen- und Tofuwürfeln sowie mit den Blumenkohl- oder Brokkoliröschen in die Sauce geben, mischen und gut durchziehen lassen.

Sommersalat

Zutaten
4 mittelgroße Tomaten
etwa 200 g Räuchertofu

Zutaten für die Salatsauce
Balsamico-Essig
Salz
Pfeffer
sehr gutes Olivenöl
1 EL Basilikumblätter
1 große Zwiebel

Zubereitung
Aus Balsamico, Salz, Pfeffer und Olivenöl eine sämige Sauce rühren.
Das Basilikum zusammen mit der Zwiebel fein hacken und zur Salatsauce geben.
Die Tomaten waschen, Stielansätze entfernen, halbieren und in Scheiben schneiden, jedoch nicht ganz durchschneiden.
Auf jeden Teller zwei Tomatenhälften legen, leicht breit drücken. Den ausfließenden Saft entfernen.
Den Tofu in Würfel schneiden. Die Tomatenhälften damit belegen und mit der Vinaigrette reich überziehen.
Servieren Sie diesen Salat zusammen mit Pellkartoffeln als leichtes Nachtessen.

Linsensalat

Zutaten
2 Tassen Linsen
1 großes Lorbeerblatt
einige Nelken
1 große Zwiebel
etwas Fett oder Öl
etwa 150 g Räuchertofu
einige grüne Lauchblätter
½ – 1 rote Paprikaschote, entkernt
1 ½ – 2 TL grüne Pfefferkörner aus der Dose

Zutaten für die Salatsauce
1 TL Meerrettichsenf
Gewürzsalz
einige Spritzer Tamari
Essig und Öl
etwas schwarzer Pfeffer, frisch gemahlen

Zubereitung

Die Linsen mit dem Lorbeerblatt und den Nelken al dente kochen.

Die Zwiebel in halbe oder viertel Ringe schneiden. In Fett oder Öl ganz langsam unter häufigem Wenden braten.

Den Räuchertofu in feine Würfel schneiden.

Die Lauchblätter waschen und in mittelfeine Streifen schneiden. Im Dampf kurz blanchieren.

Die Paprikaschoten in Stücke schneiden und die grünen Pfefferkörner leicht hacken.

Die Zutaten für die Salatsauce sämig rühren.

Die gekochten und etwas abgekühlten Linsen, die Zwiebelringe, die Lauchstreifen, die Paprikastücke und die Tofuwürfel mischen und mit der Salatsauce vermengen. Etwas durchziehen lassen.

Erfrischender Salat

Zutaten
1 mittelgroße Stange Lauch
1 kleine Zwiebel
1 große Orange
etwa 200 g Räuchertofu
4 Scheiben von einer Gemüsezwiebel
einige Kopfsalatblätter

Zutaten für die Salatsauce
Essig
Öl
Salz
weißer Pfeffer, frisch gemahlen

Zubereitung
Den Lauch putzen, waschen und in etwa ½ cm breite Ringe schneiden. Im Dampfkörbchen ganz kurz dämpfen.
Die Zwiebel schälen und grob hacken.
Die geschälte Orange und den Tofu in etwa 1 cm große Würfel schneiden.
Aus Essig, Öl, Salz und Pfeffer eine sämige Salatsauce rühren. Die Tofu-, Orangen- und Zwiebelwürfel sowie den abgekühlten Lauch mit der Sauce mischen
Die Gemüsezwiebel ebenfalls schälen und vier dünne Scheiben davon abschneiden. Jeden Teller mit einer Scheibe belegen. Den Salat darauf geben. Mit Kopfsalatblättern garnieren.

Herzhafter Brotzeit-Salat

Zutaten
etwa 200 g Käse, z. B. ½ Emmentaler ½ Greyerzer
in Würfel von etwa l ½ cm geschnitten
etwa 200 g Räuchertofu, in ebensolche Würfel geschnitten
l kleinerer Apfel , in Würfel geschnitten
etwa 100 g frische Champignons, gescheibelt
etwa 2 große Gewürzgurken, gescheibelt
etwa l Hand voll Rucola, in Streifen geschnitten
l Bund Schnittlauch, fein geschnitten

Zutaten für die Salatsauce
Kräutersalz,
schwarzer Pfeffer, frisch gemahlen
Senf
Apfelessig
Olivenöl
6 – 8 Walnüsse, grob gehackt

Zubereitung
Aus Salz, Pfeffer Senf, Apfelessig und Olivenöl eine sämige Salatsauce rühren.
Die Käse-, Tofu-, Apfelwürfel, die Champignon- und Gewürzgurkenscheibchen sowie Rucola und Schnittlauch mit der Salatsauce vermengen und mit den grob gehackten Walnüssen bestreuen. Etwa 30 Minuten ziehen lassen

Für besondere Gelegenheiten

Grillen im Garten
mit Tofu, dem Zarten

Versuchen Sie es. Sie werden überrascht sein, wie vorzüglich Tofu schmeckt, wenn er auf dem Grill zubereitet wird! Voraussetzung ist wiederum, dass er gut gewürzt und mariniert wird, wenn Sie ihn als Schnitzel braten. Geeignete Marinaden sind z. B. jene des Rezeptes »Tofu-Gemüse-Spieße«, (Seite 50) oder jene von »Tofu-Schnitten an Zitronen-Sahne-Sauce« (Seite 58.)
Auch »Tofu-Burger«, (Seite 21) »Pestoschnitzel« (Seite 54) und »Tofu-Kichererbsen-Bratlinge« (Seite 60) lassen sich hervorragend auf dem Grill schmoren. Bestreichen Sie die Stücke, die Sie grillen möchten, reichlich mit Öl, und achten Sie darauf, dass sie nicht zu dünn sind, weil sie sonst leicht brechen oder austrocknen.
Und wenn Sie dann Ihre Grillade noch mit Gemüse, z. B. halbierten Tomaten, (auf die Sie je ein Basilikum-Blatt und ein Scheibchen Käse legen), mit Knoblauch-Rosmarin-Öl bepinselte Aubergine- oder Kürbisscheiben und mit ganzen Maiskölbchen bereichern, wird die Begeisterung Ihrer Gäste über dieses »fleischlose Fest« keine Grenzen kennen. Auch in einer Alu-Schale gegartes Gemüse schmeckt vorzüglich. Sie dürfen ruhig verschiedene Gemüse mit ungefähr der gleichen Garzeit im selben Schälchen kochen. Beachten Sie bitte, dass es ziemlich langsam gart. (Je nach Gemüsesorte zwischen 40 – 60 Minuten). Die fröhliche Mahlzeit vervollständigen Sie mit verschiedenen Saucen, zum Beispiel Remoula-

den-, Senf-, oder Meerrettichsauce. Es bleibt Ihnen überlassen, ob Sie diese fertig kaufen oder selbst herstellen wollen. Lassen Sie Ihrer Fantasie freien Lauf. Probieren Sie nach Lust und Laune – es lohnt sich.

Und nun bleibt uns nur noch, Ihnen ein gutes Gelingen und viel Freude beim Experimentieren zu wünschen.

Tofu-Fondue

Für besondere Gelegenheiten lassen sich ganze Fondues mit Tofu bereiten.

Wir verzichten in diesem Fall auf Zeitangaben, weil die Dauer der Vorbereitungen davon abhängt, wie reichhaltig Sie Ihr Tofufondue planen. Lassen Sie Ihrer Fantasie freien Lauf und entdecken Sie Ihre schöpferische »Ader«. Wagen Sie ungewöhnliche Gewürzkombinationen für die Marinaden. Diese Form der Zubereitung eignet sich wie keine andere zum Experimentieren.

Pro Person rechnen wir insgesamt 200 – 250 g Tofu

Das Fondue besteht aus:
- *Tofuwürfeln, in verschiedene Marinaden eingelegt*
- *Tofupäckchen (siehe Seite 148), in Blätter gepackt, z. B. Wein-, große Spinat- oder zarte Kohlblätter*
- *unterschiedlichem Gemüse, z. B. Blumenkohl- oder Brokkoliröschen, Kohlrabi-, Möhren-, Sellerie- oder Zucchinistücken, Streifen von Paprikaschoten, frischen Champignons etc.*

Das Gemüse wird in mundgerechte Bissen geschnitten. Achten Sie aber darauf, dass die Bissen nicht zu groß sind, sonst dauert es sehr lange, bis das Gemüse gar ist, oder blanchieren Sie es leicht.

Wenn wir zu einem Tofufondue einladen, stellen wir jeweils zwei Rechauds auf den Tisch. Im einen befindet sich Öl, worin all die Köstlichkeiten brutzeln, die aus Tofu hergestellt wurden.
Das zweite Öfchen enthält eine Gemüsebrühe, die zum Garen des Gemüses bestimmt ist. Dabei bleibt es uns überlassen, was wir wie zubereiten.

Frische Vollkornbrötchen vervollständigen das Mahl.

Auf den folgenden Seiten einige Anregungen für Ihr Fondue.

Marinade I
2 – 3 Stücke Ingwerwurzel, geschält
1 – 2 Knoblauchzehen, fein gewiegt
2 – 3 EL trockener Sherry
2 EL Sesamöl
1 Msp Cayennepfeffer
5-Spices-Gewürzmischung (Chinagewürz)
Salz

Die Ingwerwurzel so klein schneiden, dass jedes einzelne Stück in der Knoblauchpresse Platz findet. Den Saft in die für die Marinade vorgesehene Schüssel geben. Den Knoblauch, den Sherry und das Sesamöl hinzufügen und die Marinade mit Cayennepfeffer, dem Chinagewürz und unter Umständen etwas Salz abschmecken.

Marinade II
etwa 1 TL Meerrettichsenf
etwa 2 TL Zitronensaft
abgeriebene Schale von
  einer halben unbehandelten Zitrone
1½ TL Thymianblättchen
Salz
weißer Pfeffer, frisch gemahlen

Alle Zutaten vermischen.
Den zum Marinieren vorgesehenen Tofu in 2 – 3 cm große Würfel schneiden. Die eine Hälfte in Marinade I und die andere Hälfte in Marinade II legen.

Oder kreieren Sie Ihre eigene Variante!

Fondue-Saucen

Stellen Sie eine Grundsauce her, in diesem Fall eine sehr einfache Mayonnaise (siehe Rezept »Kartoffelsalat einmal anders«, Seite 134), die Sie nach Lust und Laune variieren können. Teilen Sie diese Grundsauce in mehrere Teile und mischen Sie z. B.:
- einen Teil mit dem Abgeriebenen von einer halben unbehandelten Zitrone;
- einen Teil mit Petersilie und Schnittlauch sowie der entsprechenden Menge Gewürzgurke, alles fein gewiegt. Das ergibt eine schmackhafte grüne Sauce;
- einen Teil mit einigen gepressten Knoblauchzehen.

Tofu-Päckchen fürs Fondue

Für etwa 15 Päckchen
*etwa 15 Wein-, Spinat oder
  zarte nicht zu große Kohlblätter*

Für die Füllung
*200 g Buchweizen
1 EL Öl
½ l heißes Wasser
Salz
200 g Tofu, fein gerieben
1 EL Rosinen
1 EL Pinienkerne
1 TL Garam Masala
1 TL Zwiebel, ganz fein gewiegt
Salz*

Den Buchweizen waschen und in einem Tuch leicht trocknen. Vorsicht mit der Menge, er quillt gut auf. Dann in etwas Öl anrösten, bis er eine leicht gelbliche Färbung angenommen hat. Pro Tasse Buchweizen gut 1½ Tassen heißes Wasser hineingießen, etwas Salz beifügen und auf kräftigem Feuer etwa 2 – 3 Minuten kochen.

Den Buchweizen auf einer heißen Herdplatte oder im gut aufgeheizten und wieder ausgeschalteten Backofen etwa 20 Minuten ausquellen lassen. Oder den Topf in Frottiertücher einwickeln oder in eine Kochkiste stellen.

Dann mit dem Tofu und den restlichen Zutaten vermischen Die Wein-, Spinat- oder Kohlblätter waschen und von den Stielen befreien bzw. beim Kohl die Blattadern glatt schneiden. Harte Blätter kurz im Dampfkörbchen blanchieren. Etwa einen gehäuften Teelöffel von der Tofu-Kasha-Mischung in ein passendes Blatt geben und mit feinem Baumwollgarn zu kleinen Päckchen binden.

Die Päckchen werden wie das Gemüse einige Minuten im Fondue gegart.

Hier noch eine andere Füllung

etwa 300 g Tofu, fein gerieben
etwa 2 Knoblauchzehen, gepresst
1 TL Parmesankäse, gerieben
italienische Gewürzmischung nach Belieben
Salz
schwarzer Pfeffer, frisch gemahlen

Alle Zutaten gründlich mischen und wie oben beschrieben Päckchen binden.

Recht viel Spaß und guten Appetit!

Tofu-Terrine

Zutaten
etwa 500 g Tofu
einige Rosmarinnadeln, fein geschnitten
2 Salbeiblätter, fein geschnitten
abgeriebene Schale von ½ kleinen unbehandelten Orange
1 Gläschen guter Rum
2 – 3 EL geschmacksneutrales Öl
  oder etwa 50 g geschmolzene Butter
1 kleine bis mittelgroße Zwiebel, fein geschnitten
einige Petersilienstängel, gehackt
⅓ – ½ Glas Kräuteraufstrich
1 Ei
Salz
Pfeffer
nach Belieben Cayennepfeffer
2 Knoblauchzehen, gehackt
einige frische Champignons
etwas Öl zum Einölen der Patéform

Zubereitung
Den Tofu in feine Würfel schneiden. Die Tofuwürfel mit sämtlichen Zutaten, außer den Champignons, im Mixer pürieren. Die Champignons putzen, in feine Scheiben schneiden und mit der fein pürierten Masse mischen.
Eine Patéform einölen und die Masse hineingeben. Mit Backtrennpapier und Deckel dicht abdecken und im Wasserbad etwa 1½ Stunden sanft garen.

Die Autorin

Margrit Stevanon geboren 1938 auf der Schweizer Seite des Bodenseeufers, hat vor mehr als 20 Jahren ihren Wohnsitz vom »Schwäbischen Meer« an den Atlantischen Ozean verlegt, genau gesagt, nach La Palma, der grünen Kanareninsel. Sie hat das große Glück auf einer Bio-Finca leben und arbeiten zu dürfen.

Sie kocht leidenschaftlich gerne und beschäftigt sich seit vielen Jahren mit Ernährungsfragen. Deshalb hat sie auch immer wieder Kurse über alternative Ernährung besucht. Ihre Lust am Experimentieren sowie ihre Überzeugung, dass die Freude am Kochen sowie am Essen ein wesentlicher Faktor zur Verbesserung der Lebensqualität und nicht nur der Gesundheit sein sollte, gaben den Impuls zu eigenen Kochkursen und zu diesem Buch.

Die Illustratorin

Carmen Luz Domìnguez Rocha, geboren 1968 auf La Palma, ist von Beruf Modezeichnerin und füllte bereits als Kind alle Schulbücher mit Cartoons – nicht immer zur Freude der Lehrer. Diesem Faible ist sie bis heute treu geblieben und illustrierte deshalb mit viel Geschick und Witz das Kochbuch »Tofu – fantastisch vegetarisch«. Auf Grund dieser Arbeit wurde auch sie zur begeisterten Tofu-Esserin.

Rezept-Index

Auberginen mit Tofu 24
Avocado-Erdnuss-Suppe 20

Bananen im Blätterteig
    mit Räuchertofu-Einlage 115
Blätterteigtaschen
    mit Tofu-Pilz-Füllung 120
Brotaufstrich aus Tofu 14
Brotzeit-Salat, herzhaft 141
Bulgur-Tofu-Salat 136

Cannelloni mit Tofufüllung 90
Champignons, gefüllt 106
Chili mit Tofu 32

Ein Touch Asien 84
Eintopf, kunterbunt 86
Eintopf, sommerlich 72
Erdnuss-Avocado-Suppe 20
Erfrischender Salat 140
Exotisches Sauerkraut 80

Fenchel mit Tofu 71
Fondue mit Tofu 144
Frittierte Tofuwürfel 66
Frühlingsrollen 38

Gebratene Selleriescheiben
    mit Tofu-Käse-Einlagen 44
Gefüllte Blätterteigtaschen 120
Gefüllte Champignons 106
Gefüllte Tomaten
    mit Tofu-Basilikum-Soufflé 104
Gefüllter Spaghettikürbis 100
Gemüse und Trockenaprikosen
    mit Tofuwürfeln 34
Gemüseröšti 74

Gemüse-Tofu-Mischung 61
Gemüse-Tofu-Spieße 50
Gnocchi aus Tofu 30
Gratin aus Süßkartoffeln,
    Sellerie, Lauch, Mais und Tofu .. 92
Grillen im Garten 142
Grüner Mojo (Mojo Verde) 69

Herzhafter Brotzeit-Salat 141

Kartoffelsalat einmal anders 134
Käse-Gemüse-Kuchen mit Tofu .. 116
Käsewähe 128
Kastanien-Tofu-Kugeln 55
Kichererbsen-Tofu-Bratlinge 60
Klöße als Suppeneinlage 18
Kohlgericht 78
Kunterbunter Eintopf 86
Kürbis anders 82
Kürbis mit Tofu im Blätterteig 126

Lasagne aus Tofu 94
Linsensalat 138

Mangold-Pakete »Heidi« 108
Mangoldstiele, überbacken 98
Mojo Rojo (Roter Mojo) 68
Mojo Verde (Grüner Mojo) 69
Monis versteckter Tofu
    in Bohnenbündeln 76

Ofenkartoffeln, gefüllt 110
Okara-Bratlinge 65
Okara-Couscous-Auflauf 112
Okara-Fladenbrot 124
Okara-Kartoffel-Suppe 15
Okara-Plätzchen, süß 132

Panierte Tofuschnitten 52
Paprikaröllchen mit Tofustäbchen . 88
Pestoschnitzel 54
Pfannkuchen mit Einlage 46
Pfeffersteak mit Tofu 36
Piccata Tofunesa 64
Pilzmousse an Tofuschälchen 102
Pilz-Tofu-Gericht 28
Pizza aus Tofu 118

Ratatouille mit Tofuwürfeln 56
Rauten aus Tofupaste 130
Reisring mit Tofu 42
Rösti mit Gemüse 74
Rote Suppe 16
Roter Mojo (Mojo Rojo) 68

Salat aus Bulgur und Tofu 136
Salat, erfrischend 140
Sauerkraut, exotisch 80
Schnelle Spaghetti 70
Selleriescheiben, gebraten,
    mit Tofu-Käse-Einlagen 44
Senfsauce an Tofuschnitten 81
Sommerlicher Eintopf 72
Sommersalat 137
Spaghetti, schnell 70
Spaghettikürbis, gefüllt 100
Spargelsoufflé 114
Suppe aus Okara und Kartoffeln .. 15
Süße Okara-Plätzchen 132
Süßkartoffelscheiben
    mit Tofubelag 89

Terrine aus Tofu 150
Tofu »Bolognese« 40
Tofu »Oasis« 62
Tofu, gegrillt 142
Tofu im Reisring 42
Tofu im Wok 48
Tofu mit Auberginen 24
Tofu mit Fenchel 71
Tofu mit Kürbis im Blätterteig 126
Tofu-Brotaufstrich 14
Tofu-Burger 21
Tofu-Clowns 26
Tofu-Curry 22
Tofu-Fondue 144
Tofu-Gemüse-Spieße 50
Tofu-Gnocchi 30
Tofu-Käse-Gemüse-Kuchen 116
Tofu-Kastanien-Kugeln 55
Tofu-Kichererbsen-Bratlinge 60
Tofu-Lasagne 94
Tofu-Pfeffersteak 36
Tofu-Pilz-Gericht 28
Tofu-Pizza 118
Tofuschälchen mit Pilzmousse ... 102
Tofuschnitten an Senfsauce 81
Tofuschnitten
    an Zitronen-Sahne-Sauce 58
Tofuschnitten, paniert 52
Tofustäbchen in Paprikaröllchen ... 88
Tofu-Terrine 150
Tofuwürfel frittiert 66
Tofuwürfel mit Gemüse und
    Trockenaprikosen 34
Tomaten gefüllt
    mit Tofu-Basilikum-Soufflé 104

Überbackene Mangoldstiele 98

Versteckter Tofu in Bohnen 76
Vier-Farben-Pastete 96

Windbeutel
    mit Tofu-Avocadofüllung 122

Zitronen-Sahne-Sauce mit
    Tofuschnitten 58

Vollwert-Bücher mit Cartoons von Renate Alf

Klaus Weber: **Das Buch vom guten Pfannkuchen**
ISBN: 3-89566-151-1

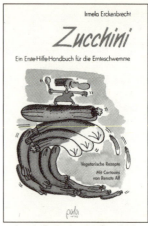

Irmela Erckenbrecht: **Zucchini**
ISBN: 3-89566-131-7

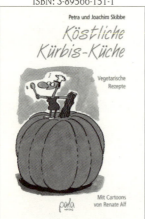

Petra und Joachim Skibbe:
Köstliche Kürbis-Küche
ISBN: 3-89566-150-3

Jutta Grimm:
Vegetarisch grillen
ISBN: 3-89566-140-6

Vegetarische Vollwertküche mit Pfiff

Herbert Walker: **Vollwertig kochen und backen – ohne tierisches Eiweiß,** ISBN: 3-89566-146-7

Gertrud Dimachki:
Vegetarisches aus 1001 Nacht
ISBN: 3-89566-169-4

Jutta Grimm:
Vollwert-Muffins
ISBN: 3-89566-152-x

Jutta Grewe:
Vegetarisches aus Omas Küche
ISBN: 3-89566-168-6

Vegane Köstlichkeiten

Angelika Krüger:
Vegetarisch kochen – international
ISBN: 3-89566-117-1

Alexander Nabben:
Kochen und backen mit Tofu
ISBN: 3-89566-158-6

Suzanne Barkawitz:
Vegan genießen
ISBN: 3-89566-137-6

Suzanne Barkawitz:
**Vegane Köstlichkeiten
aus der chinesischen Küche**
ISBN: 3-89566-144-9

Vollwertig, vegetarisch, gesund

Rolf Goetz:
Das Buch vom Reis
ISBN: 3-89566-141-4

Petra und Joachim Skibbe:
Toskana – vegetarisch genießen
ISBN: 3-89566-156-2

Petra und Joachim Skibbe:
Ayurveda – Die Kunst des Kochens
ISBN: 3-89566-139-2

Jutta Grimm:
Brotaufstriche selbst gemacht
ISBN: 3-89566-165-1

Gesamtverzeichnis bei: pala-verlag,
Postfach 11 11 22, 64226 Darmstadt, www.pala-verlag.de

ISBN: 3-89566-162-7

© 2001: pala-verlag,
Rheinstr. 37, 64283 Darmstadt
www.pala-verlag.de

2. Auflage 2002

Alle Rechte vorbehalten

Illustrationen: Carmen Luz Domìnguez Rocha

Umschlaggestaltung: Kirsten Schlag

Lektorat: Barbara Reis, Ute Galter, Wolfgang Hertling

Druck: fgb • freiburger graphische betriebe
www.fgb.de